Die

Staatskonkurs-Aufgaben

im Jahre

1890.

I. Aufgabe
aus dem bürgerlichen Rechte.

1. Der Ökonom T hatte eine Zahlung von 460 ℳ zu machen und verkaufte zu diesem Behufe ein Wertpapier an den Bankier U um 480 ℳ. Von dem Kaufpreise wurden 30 ℳ von U in Gold, 450 ℳ in Reichskassenscheinen zu 50 ℳ bezahlt. T steckte das Geld ein, ohne es nachzuzählen. Als er seine Zahlung gemacht hatte, entdeckte er, daß ihm U um einen Kassenschein zu viel gegeben hatte. T machte sich dieses Versehen des U zu Nutzen, indem er mit dem zehnten Kassenschein eine ältere Schuld von 20 ℳ berichtigte und sich für die restigen 30 ℳ eine silberne Uhr kaufte. Auf dem Heimwege verunglückte T. Als man jene Leiche fand, war die Uhr verschwunden. U hatte seinen Irrtum entdeckt und verlangt nun von den Erben des T Erstattung der 50 ℳ. Diese verweigern die Zahlung, weil U mit den 50 ℳ in einem unentschuldbaren Irrtume eine nicht bestehende Schuld bezahlt, T die Zahlung in gutem Glauben angenommen habe und eine Bereicherung auf ihrer Seite nicht mehr vorhanden sei.

Wie ist zu entscheiden?

2. Der Gastwirt S erwarb in der Stadt K einen Gasthof, auf welchem für T und U Kapitalien hypothekarisch versichert waren, die er in Anrechnung auf den Kaufschilling übernahm. Zur Unterbringung der für den Betrieb des Gasthofs erforderlichen Pferde und Wagen mietete er in einem benachbarten Anwesen eine Stallung und eine Remise. Als später sein Geschäft sich vergrößerte, mietete er das ganze Nachbarhaus und stattete die in demselben befindlichen Zimmer mit der zur Beherbergung

von Fremden nötigen Einrichtung aus. Nach einiger Zeit nahm S von Z ein Kapital von 12,000 M auf, für welches er auf seinem Gasthofe zur dritten Stelle Hypothek bestellte. Zur weiteren Sicherheit verpfändete er auf Verlangen des Z sein gesamtes Gasthofinventar mit Einschluß der im Nebenhause befindlichen Einrichtungsstücke, sowie der Pferde und Wagen, indem er alle diese Gegenstände als Pertinenzen seines Gasthofes erklärte und sie als solche unter Übergabe eines vorschriftsmäßigen Verzeichnisses gleichzeitig mit der neuen Hypothek in das Hypothekenbuch eintragen ließ. Infolge verfehlter Spekulationen geriet S in Konkurs. Die Hypothekgläubiger nehmen unter Widerspruch des Konkursverwalters sämtliche Pertinenzen zu ihrer abgesonderten Befriedigung in Anspruch, und unter ihnen selbst besteht Streit darüber, ob auch die älteren Hypothekgläubiger sich an die Pertinenzen zu halten berechtigt sind. Z glaubt, daß diese ihm allein haften, weil die Hypotheken des T und des U bereits vor der Pertinenzerklärung bestanden hätten und aus der ohne Mitwirkung des T und des U erfolgten Pertinenzerklärung für diese keine neuen Rechte hätten entstehen können.

Wie sind diese Streitpunkte zu entscheiden?

3. Die ledige Privatiere A hatte zu ihrem Testamente folgende Bestimmung getroffen: Zur Erbin meines Nachlasses ernenne ich meine Schwester B, und falls sie vor mir sterben sollte, sollen deren beide Töchter C und D meine Erbinnen sein. Falls eine derselben ohne Hinterlassung ehelicher Nachkommen versterben würde, so soll der der Verstorbenen zugefallene Teil meiner Erbschaft ihrer Schwester allein gehören, und wenn auch diese ohne Kinder versterben würde, so soll meine Base F das ganze Vermögen erben.

Als A starb, war ihre Schwester B bereits verstorben, und fiel die Erbschaft ihren ganz vermögenslosen Töchtern C und D zu. Bald darauf verstarb C im Alter von 12 Jahren und ihr aus dem Erbteile ihrer Tante bestehendes Vermögen fiel der D zu, die kurze Zeit nachher im Alter von 10 Jahren gleichfalls starb. Ihr Nachlaß bestand lediglich in dem von der A herstammenden Vermögen. F nimmt dasselbe auf Grund der testamentarischen Bestimmung der A für sich in Anspruch. Der Vater der D bestreitet die Rechtsgiltigkeit dieser Verfügung, weil die A nicht berechtigt gewesen sei, eine letztwillige Verfügung über den Nachlaß seiner Tochter zu treffen, und auf keinen Fall das Pflichtteilsrecht des Vaters habe unberücksichtigt lassen dürfen. Aus diesen Gründen beansprucht er den ganzen Nachlaß seiner Tochter oder doch wenigstens ein Drittel als den ihm gebührenden Pflichtteil.

Wie ist zu entscheiden?

Bei der Bearbeitung ist neben den Reichsgesetzen das Gemeine Recht mit den für das ganze Gebiet desselben in Bayern geltenden Landesgesetzen anzuwenden. Die Entscheidungen sind zu begründen.

II. Aufgabe
aus dem bürgerlichen Rechte.

1. Der Güterhändler G hatte einen Bauernhof zum Zwecke der Zentrümmerung angekauft und ließ zum Wiederverkauf der einzelnen Grundstücke eine öffentliche Versteigerung durch einen Notar abhalten. Bei Beginn derselben wurden die von G festgesetzten Versteigerungsbedingungen bekannt gegeben, von denen eine dahin lautete, daß der Zuschlag sofort erfolgen werde, wenn das gelegte Meistgebot nach dreimaliger Umfrage nicht überboten werde. Um die Preise in die Höhe zu treiben, verabredete G mit den Unterhändlern H und J, daß sie mitsteigern, aus ihrem Angebote aber weder Rechte noch Pflichten für sie entstehen sollten. Im Laufe der Versteigerung bot K nach mehreren von anderer Seite gelegten Angeboten auf ein Grundstück 460 ℳ, H bot 470 ℳ und K blieb mit einem Angebote von 480 ℳ

Meistbietender, worauf ihm der Zuschlag erteilt wurde und er den Kaufschilling sofort erlegte. Auf ein weiteres Grundstück bot L nach lebhafter Beteiligung anderer Kaufsliebhaber 820 ℳ, J bot 840 ℳ und blieb Meistbietender. L, welcher von dem Übereinkommen zwischen G, H und J Kenntnis erhalten hatte, verlangte, daß ihm das Grundstück um 820 ℳ zugeschlagen werde, weil in Wirklichkeit er Meistbietender geblieben sei.

Als K von der Sache erfuhr, verlangte er den Betrag von 20 ℳ zurück, um welchen er durch das betrügliche Mitbieten des H geschädigt worden sei.

Wie ist zu entscheiden?

2. Der Ökonom Q besaß in der Gemeinde R, Amtsgericht S, einen Bauernhof, zu welchem die in der Gemeinde U, Amtsgerichts V belegene Wiese Plan.-Nr. 875 gehörte. Q nahm von einer Bank ein größeres Kapital auf und bestellte dafür Hypothek auf dem Hofe und der Wiese. Bei der Eintragung derselben machte das Amtsgericht S in der I. Rubrik des Hypothekenbuchs den Vermerk, daß zum Hofe auch die im Bezirke des Amtsgerichts V belegene Wiese Plan-Nr. 875 der Gemeinde U gehöre. In das Hypothekenbuch des Amtsgerichts V, in welchem für die Wiese ein Folium nicht eröffnet war, wurde die Hypothek nicht eingetragen. Nach einem Jahre verkaufte Q die Wiese um 400 ℳ an den Wagner Z, dem er sie übergab, von der Hypothekbestellung aber keine Mitteilung machte. Als Z nach Verlauf längerer Zeit von der Hypothek Kenntnis erlangte, bestritt er ihren Rechtsbestand, soweit seine auch jetzt in das Hypothekenbuch des Amtsgerichts V nicht eingetragene Wiese als Gegenstand der Hypothek in Frage komme, weil es an der zur Entstehung der letzteren notwendigen Eintragung durch das zuständige Gericht fehle und sein guter Glaube, daß eine Hypothek nicht bestehe, sich auf den Mangel irgendwelchen Eintrages in dem allein maßgebenden Hypothekenbuche des Amtsgerichts V gestützt habe.

Muß Z die Haftung seiner Wiese für die Hypothek der Bank anerkennen?

3. A hatte die Erbschaft seines Onkels in der Meinung, dessen alleiniger Intestaterbe zu sein, unbedingt angetreten und den Nachlaß in Besitz genommen. Auf Verlangen des B bezahlte er diesem eine Schuld des Erblassers im Betrage von 600 ℳ. Bald darauf wurde ein Testament seines Onkels aufgefunden, in welchem dieser den C als alleinigen Erben eingesetzt hatte. A mußte den C als alleinigen Erben anerkennen und händigte ihm den Nachlaß aus. Nunmehr verlangt er von B die 600 ℳ zurück, welche er ihm in der irrigen Meinung, sie als Erbe seines Onkels zu schulden, bezahlt habe. B verweigert die Rückzahlung, weil er nur erhalten habe, was ihm gebührte, und verweist den A an C. Der Letztere ist inzwischen nach Amerika ausgewandert und es ist nicht möglich, von ihm etwas zu erlangen.

Ist der Anspruch des A gegen B gerechtfertigt?

Bei der Bearbeitung ist neben den Reichsgesetzen das Gemeine Recht mit den für das ganze Gebiet desselben in Bayern geltenden Landesgesetzen anzuwenden. Die Entscheidungen sind zu begründen.

I. Aufgabe
aus dem Handelsrechte, Wechselrechte und Konkursrechte.

1. Der Kaufmann A in X, einem anderthalb Tagereisen von der Eisenbahn entfernten Badeorte, hat am 12. Juni 1890 auf einer Reise in Y bei dem Fabrikanten B verschiedene Galanteriewaaren für die bevorstehende Saison gekauft und B ersucht, ihm die ausgewählten Waren, welche in seiner Gegenwart in eine Kiste gepackt wurden, nach X zu übersenden. Mit der Besorgung der Versendung beauftragte B, der sich bisher bei seinen Sendungen an A des Spedi-

teurs C in Z bedient hatte, das seit dem 1. Juni 1890 von D in Y eröffnete Speditionsgeschäft, von dessen Bestehen A keine Kenntnis hatte. B sagte dem D, die Kiste müsse spätestens am 15. Juni in Händen des A sein. D übergab die Kiste am 13. Juni mit einem Frachtbriefe dem Frachtführer E zum Transporte nach X. E war kaum von Y abgegangen, als D, der Spediteur, als Indossant einen Wechsel über 250 *M* einlösen mußte, zu dessen Vorindossanten A gehört. Der Wechsel war von dem Kaufmanne M in R wegen einer Geschäftsschuld an die Ordre des Kaufmannes N in S, des Schwagers von A, ausgestellt, von N zur Begleichung einer Erbteilsforderung der Ehefrau des A an diesen begeben und von A mit der gewöhnlichen Formel an den Privatier O indossiert worden. Den von O für den Wechsel erhaltenen Betrag hatte A seiner Ehefrau, welche ihr Vermögen selbst verwaltet, ausgehändigt. Diese Thatsachen waren dem D, dem Spediteur, zur Zeit des Erwerbes des Wechsels nicht bekannt, er hatte sie aber vor der Einlösung desselben erfahren. Um die Regreßsumme sicher zu erhalten, schickte D den Wechsel, den Protest und eine quittierte Retourrechnung durch einen Boten dem E dem Frachtführer, mit der Weisung nach, die Kiste dem A nur gegen Bezahlung seiner Regreßforderung auszuhändigen. E übergab, als er am 15. Juni in X angekommen war, sogleich dem A den Frachtbrief und erhielt von ihm den darin bezeichneten Betrag der Frachtkosten. Die Wechselschuld erklärte A, augenblicklich nicht bezahlen zu können; gleichwohl verlangte er von E sofortige Auslieferung der Kiste, wobei er sich darauf berief, daß der Frachtbrief, dessen Inhalt für seine Verbindlichkeiten gegen den Frachtführer allein maßgebend sei, einer Nachnahme keine Erwähnung that.

War D dem A gegenüber zu der dem E erteilten Weisung berechtigt?

Ist das von A an E gestellte Verlangen begründet?

2. Am 20. November 1890 ist über das Vermögen

des Kaufmannes A in X Konkurs eröffnet worden. Zur Masse gehört ein Wechsel über 480 ℳ, welcher von dem Kaufmanne B auf C an die Ordre des D gezogen, von D an E und von E an A indossiert und am 26. November 1890 fällig geworden ist. Der Konkursverwalter hat denselben am 27. November dem C zur Zahlung vorgelegt und mangels Zahlung Protest erheben lassen. B, welcher gegen A eine seit dem 20. September 1890 fällige Kaufpreisforderung für gelieferte Waren im Betrage von 500 ℳ hat, verlangt nun mit der Erklärung, er wolle seine Forderung gegen die Wechselschuld aufrechnen, von dem Konkursverwalter Herausgabe des Wechsels und des Protestes. Der Konkursverwalter weigert sich, dem Begehren Folge zu leisten, weil er vorerst nicht B, sondern D und E in Anspruch zu nehmen beabsichtigte.

Wie ist zu entscheiden?

Neben den Reichsgesetzen haben die Kandidaten, welche die Prüfung in den Landesteilen rechts des Rheins ablegen, das Gemeine Recht mit den für das ganze Gebiet desselben in Bayern geltenden Landesgesetzen, die Kanditaten, welche die Prüfung in der Pfalz ablegen, das dort geltende Recht anzuwenden. Die Entscheidungen sind zu begründen.

II. Aufgabe
aus dem Handelsrechte, Wechselrechte und Konkursrechte.

1. Der Kaufmann A in X hat am 28. August 1890 bei dem Kaufmanne B in Y, welcher ihm seit mehreren Jahren Kleiderstoffe geliefert und sich dabei der eine Ersparung von Frachtkosten ermöglichenden Vermittlung des Spediteurs C in X bedient hatte, einen Ballen graues Tuch bestellt. B hatte einen Ballen Tuch der gewünschten Art, der für ein rückgängig gewordenes Geschäft bestimmt war, bei C, dem Spediteur, liegen und schrieb nun an A, dem er dies nicht mitteilen wollte, er werde ihm das bestellte Tuch

demnächst durch C zugehen lassen, und an C, er solle den Ballen dem A aushändigen. Die Briefe kamen am 29. August abends an, und noch am nemlichen Abende ließ C durch seinen Ausgeher dem A sagen, das Tuch sei bereits angekommen und A werde es am nächsten Morgen erhalten. Inzwischen hatte A bei B auch einen Ballen Lodenstoff bestellt. Auch einen solchen hatte B bei C liegen und diesen wollte er nun gleichfalls zur Ausführung der Bestellung verwenden. Die mit den früheren übereinstimmenden Briefe, welche er zu diesem Behufe an A und C richtete, gingen am 29. August mittags von Y ab und kamen am Mittag des 30. in die Hände der Adressaten. In der Nacht vom 29./30. August war in dem Lagerraume des C Feuer ausgebrochen, welches die beiden für A bestimmten Ballen verzehrte. Sofort nach Empfang des Briefes vom 29. August teilte C dem A mit, daß auch der Ballen Lodenstoff noch vor dem Brande eingetroffen und ebenso wie der Tuchballen verbrannt sei. Wären die beiden Ballen erst nach der Bestellung von Y nach X geschickt worden, so wäre keiner derselben vor dem Brande dort angekommen. A weigert sich, den nach der Vereinbarung drei Monate nach Empfang der Ware fälligen Preis zu bezahlen, weil die Waren nicht zu Verlust gegangen wären, wenn B sie dem Vertrage gemäß nicht in X, sondern in Y geliefert hätte.

Wie ist zu entscheiden?

2. Der Kaufmann A hat am 7. August 1890 von dem Schneidermeister B für eine ihm gegen diesen zustehende Forderung von 300 ℳ ein vertragsmäßiges Pfandrecht an einer Fordernng des B gegen den Drechslermeister C im Betrage von 360 ℳ erlangt. Diese Forderung hat B, welcher hoffte, mit A sich über eine anderweitige Sicherstellung des letzteren zu einigen, am 27. Oktober seinem Bruder D, dem er 400 ℳ schuldete, zahlungshalber abgetreten. Sowohl die Verpfändung als die Abtretung ist dem C, dem Schuldner des B, sofort kundgegeben worden. (Für

die Kandidaten, welche die Prüfung in der Pfalz ablegen, wird ausdrücklich bemerkt, daß den Erfordernissen, von welchen die Wirksamkeit des Pfandrechts und der Abtretung gegen Dritte abhängt, genüge geleistet ist.) Am 29. Oktober hat C eine, selbst Schuldner des B, Forderung von 240 ℳ gegen B, seinem Gläubiger, erlangt. Am 3. November ist über das Vermögen des B auf den von ihm am nemlichen Tage gestellten Antrag der Konkurs eröffnet worden. Der Konkursverwalter hat dem D gegenüber die Abtretung der Forderung gegen C mit Erfolg angefochten. Inzwischen sind A und C, welcher am 29. Oktober von der Zahlungseinstellung des B keine Kenntnis hatte, dahin übereingekommen, daß A, um dem C die Aufrechnung zu ermöglichen, von dem ihm nach ihrer Ansicht unter den vorliegenden Umständen zustehenden Rechte Gebrauch machen solle, für seine Forderung zunächst Befriedigung aus der Konkursmasse, aus welcher eine Dividende von 60 % zu erwarten ist, zu verlangen und sich nur für den Ausfall an die ihm verpfändete Forderung zu halten.

Muß die Konkursmasse sich dieses Vorgehen des A und des C gefallen lassen?

Neben den Reichsgesetzen haben die Kandidaten, welche die Prüfung in den Landesteilen rechts des Rheins ablegen, das Gemeine Recht mit den für das ganze Gebiet desselben in Bayern geltenden Landesgesetzen, die Kandidaten, welche die Prüfung in der Pfalz ablegen, das dort geltende Recht anzuwenden. Die Entscheidungen sind zu begründen.

I. Aufgabe

aus dem Zivilprozeßrechte.

1. A hat am 1. Oktober 1890 einen Beschluß des Amtsgerichts M erwirkt, durch welchen er ermächtigt wurde, in das bewegliche Vermögen des B den Arrest zu vollziehen,

und auf Grund dieses Beschlusses, welcher ihm am 2. Oktober 1890 von Amtswegen zugestellt worden war, am 3. Oktober 1890 dem B und dem C, einem Schuldner des B, die Benachrichtigung, daß die Pfändung der Forderung des B gegen C bevorstehe, nebst Aufforderung nach § 744 der Zivilprozeßordnung zustellen lassen. Am 17. Oktober 1890 ließ er den Arrestbefehl dem B zustellen und am 18. Oktober 1890 erwirkte er auf Grund dieses Befehls einen Beschluß des Amtsgerichts M, welcher die in der Benachrichtigung vom 2. Oktober 1890 angekündigte Pfändung der Forderung des B gegen C aussprach. Dieser letztere Beschluß wurde B und C am 20. Oktober 1890 zugestellt. B richtete nunmehr an das Amtsgericht M eine Eingabe, in welcher er bat, die Forderungspfändung wegen Nichteinhaltung der gesetzlichen Frist als unzulässig aufzuheben.

A trat in dem Termine, welchen das Amtsgericht zur Verhandlung anberaumt hatte, dem Antrage entgegen.

Denn die gesetzliche Frist sei gewahrt, da die bereits am 3. Oktober 1890 erfolgte Pfändungsbenachrichtigung unter der unbestrittenermaßen hier zutreffenden Voraussetzung, daß die Forderungspfändung innerhalb drei Wochen bewirkt werde, der Vollziehung des Arrestes gleichstehe.

Aber auch, wenn diese Frist nicht gewahrt sein sollte, könne B die Versäumnis nicht geltend machen. B habe ihm nämlich am 3. Oktober 1890 erklärt, daß er spätestens am 17. Oktober 1890 bezahlen könne und ihn gebeten, ihm keine weiteren Kosten zu machen und insbesondere vor dem 18. Oktober 1890 nicht die Forderungspfändung zu erwirken; nur deshalb habe er mit der Zustellung und dem Vollzuge des Arrestbefehles so lange gewartet.

B widersprach das letztere Vorbringen des B und nahm einen ihm hierüber von A zugeschobenen Eid an.

Das Gericht erkannte hierauf in einer „Bedingtes Endurteil“ überschriebenen Entscheidung auf Ableistung dieses

Eides durch B und setzte die Folgen der Leistung und der Nichtleistung dieses Eides fest.

Ist diese Entscheidung gerechtfertigt?

Welche Rechtsmittel stehen den Parteien gegen dieselbe zu?

2. A hat gegen B auf Übergabe einer gekauften Uhr im Werte von 100 ℳ Klage erhoben, welche laut der Zustellungs-Urkunde am 22. September 1890 „in der Wohnung des B, wo dieser nicht angetroffen wurde, an dessen erwachsene Dienstmagd N“ zugestellt wurde, und am 1. Oktober 1890 ein vorläufig vollstreckbares Versäumnisurteil erwirkt. Als er zur Zwangsvollstreckung schreiten wollte, erfuhr er, daß B gestorben und von seinen beiden Söhnen C und D beerbt worden sei. Er erhob daher gegen C und D Klage auf Erteilung der Vollstreckungsklausel. Im Termine erschien nur C und beantragte die Abweisung der Klage, da B bereits am 15. Sepember 1890 gestorben und sohin das Urteil vom 1. Oktober 1890 nichtig sei. Da übrigens B dem A die Uhr längst übergeben habe, erhebe er Widerklage und bitte das Nichtbestehen der angeblichen Forderung des A festzustellen.

A räumte ein, daß B am 15. September 1890 gestorben sei, bezeichnete aber die Anträge des C, welcher die angebliche Nichtigkeit des Urteils vom 1. Oktober 1890 durch Nichtigkeitsklage geltend machen möge, für ungerechtfertigt, erklärte, daß er sich auf die unzulässige Widerklage, welcher die Einrede der Rechtshängigkeit entgegenstehe, nicht einlasse und beantragte gegen C und D die Vollstreckungsklausel zu erteilen.

Wie ist zu entscheiden?

3. A, welchem B und C laut Schuldscheines je 100 ℳ aus einem Darlehen schulden, hat dem B versprochen:

1) gegen ihn nicht im Urkundenprozesse vorzugehen,
2) das Urteil nicht in das unbewegliche Vermögen des B vollstrecken zu lassen; und

3) keinesfalls die Eröffnung des Konkurses über das Vermögen des B zu beantragen.

C hat A zugesichert, auf dessen Klage Versäumnisurteil über sich ergehen zu lassen und gegen dieses Urteil Einspruch nicht einzulegen.

Sind diese Vereinbarungen rechtlich wirksam?

Welche Schritte können B und A thun, wenn diesen Vereinbarungen vom Gegenteil zuwider gehandelt wird?

Neben den Reichsgesetzen haben die Kandidaten, welche die Prüfnng in den Landesteilen rechts des Rheins ablegen, das Gemeine Recht mit den für das ganze Gebiet desselben in Bayern geltenden Landesgesetzen, die Kandidaten, welche die Prüfung in der Pfalz ablegen, das dort geltende Landesrecht anzuwenden. Die Entscheidungen sind zu begründen.

II. Aufgabe

aus dem Zivilprozeßrechte.

1. In einem bei dem Landgerichte X anhängigen Rechtsstreite, dessen Ausgang davon abhing, ob Z den 1. Januar 1848 erlebt habe, bestätigten zwei klägerische Zeugen A und B, daß sie mit Z noch im Februar 1848 in New-York zusammengetroffen seien. Dagegen behauptete der Zeuge des Beklagten C, daß der Zeuge A bereits im November 1847, und der Zeuge des Beklagten D, daß der Zeuge B bereits im Dezember 1847 Amerika verlassen und daß diese Zeugen sohin die Unwahrheit ausgesagt hätten. Bei der Beratung des Urteils war der Richter K der Meinung, daß den Zeugen C und D voller Glauben beizumessen und mithin der dem Kläger obliegende Beweis nicht erbracht sei. Dagegen erachteten die Richter L und M die Klage für bewiesen. L schenkte den Angaben der Zeugen A und D vollen Glauben, während er die Aussagen der Zeugen B und C für unwahr erachtete. M dagegen nahm

die Aussagen dieser letzteren beiden Zeugen als wahr an und maß den Aussagen der Zeugen A und D keinen Glauben bei.

Die Auflage eines richterlichen Eides erachtete keiner der Richter für angemessen.

Wie wird das Urteil mit Entscheidungsgründen lauten?

2. Der Kaufmann A. Adler in Nürnberg hat gegen den Kanfmann B. Stein in Augsburg bei dem Amtsgerichte Augsburg im ordentlichen Verfahren Klage auf Bezahlung von 300 ℳ erhoben, welche B. Stein ihm als Inhaber des nachstehenden in blanco indossierten, am 1. Oktober 1890 zur Zahlung präsentierten Wechsels schulde.

Vorderseite des Wechsels.

München, den 1. November 1889. Für 300 Mark.

Ultimo Dezember zahlen Sie gegen diesen Prima-Wechsel an die Ordre von mir selbst die Summe von 300 Mark.

Herrn B. Stein
in Augsburg.

E. Meyer, Kaufmann
in München.

Angenommen: B. Stein.

Rückseite des Wechsels.

Für mich an die Ordre von A. Adler in Nürnberg.
München, den 1. September 1890.
E. Mayer, Kaufmann in München.

Ehe diese Klage zur Verhandlung kam, erhob der Großhändler C. Grün in München bei dem Amtsgerichte Augsburg gegen A. Adler und B. Stein eine Klage, in welcher er erklärte, daß er die 300 ℳ, deren Bezahlung A. Adler von B. Stein fordere, für sich in Anspruch nehme und beantragte, den A. Adler zur Anerkennung seiner besseren Rechte und den B. Stein zur Bezahlung von 300 ℳ zu verurteilen.

In dem Termine, in welchem diese beiden Klagen zur Verhandlung kamen, wiederholten A. Adler und C. Grün die Klagsbitten.

C. Grün brachte zur Begründung seines Anspruchs folgendes vor:

Der eingeklagte Wechsel sei aus einem von ihm an B. Stein zum Akzepte gesandten Wechselblankett entstanden, das B. Stein angenommen und an ihn zurückgesendet habe. Ehe er jedoch das Wechselblankett als Aussteller unterzeichnet habe, sei ihm dasselbe zu Verlust gegangen. Er habe daher schon am 10. November 1889 bei dem Amtsgerichte Augsburg das Aufgebotsverfahren beantragt und am 1. September 1890 ein Ausschlußurteil dieses Gerichts erwirkt, in welchem „ein dem Inhaber, Großhändler C. Grün in München, verloren gegangenes, auf 300 ℳ lautendes ultimo Dezember 1889 zahlbares, in München am 1. November 1889 ausgestelltes aber vom Aussteller nicht unterschriebenes Akzept des B. Stein in Augsburg“ für kraftlos erklärt wurde.

Aus diesem amortisierten Blankette sei aber der von A. Adler eingeklagte Wechsel entstanden. Wie ihm inzwischen bekannt geworden sei, habe nemlich der seither flüchtig gegange Kaufmann E. Meyer in München, der häufig in seinem Comptoir verkehrt habe, das Wechselblankett aus dem Portefeuille entwendet, als Aussteller unterzeichnet und an A. Adler, dessen guten Glauben bei dem Erwerbe des Wechsels er nicht bestreiten wolle, giriert.

B. Stein bezeichnete die thatsächlichen Angaben des C. Grün als richtig; aus denselben ergebe sich aber nicht nur die Unbegründetheit der Klage des A. Adler, sondern auch derjenigen des C. Grün, der ja selbst den Wechsel als kraftlos bezeichne; er beantrage daher die beiden Klagen abzuweisen.

A. Adler setzte der von C. Grün gegen ihn erhobenen Klage die Einrede der Unzuständigkeit entgegen, eventuell bat er, ohne die Richtigkeit der thatsächlichen Behauptungen des

C. Grün zu bestreiten, dieselbe als unbegründet abzuweisen. Sowohl B. Stein als C. Grün gegenüber machte er geltend, das Ausschlußurteil vom 1. September 1890 sei nichtig, weil die Amortisation von Wechselblanketts gesetzlich nicht zulässig sei und weil das Amtsgericht Augsburg unterlassen habe, das Aufgebot durch Anheftung an die Gerichtstafel öffentlich bekannt zu machen. B. Stein und C. Grün bezeichneten die letztere Behauptung des A. Adler als richtig aber als unerheblich.

Wie ist zu entscheiden?

Neben den Reichsgesetzen haben die Kandidaten, welche die Prüfung in den Landesteilen rechts des Rheins ablegen, das Gemeine Recht mit den für das ganze Gebiet desselben in Bayern geltenden Landesgesetzen, die Kandidaten, welche die Prüfung in der Pfalz ablegen, das dort geltende Landesrecht anzuwenden. Die Entscheidungen sind zu begründen.

I. Aufgabe
aus dem Strafrechte.

1. Am 3. September 1890 wurde von dem Bankhause Zimmermann u. Co. in New-York eine Anweisung (Check) Nr. 4619 über 500 ℳ, lautend auf den Bankier Felix Schuh in Nürnberg als Angewiesenen und auf den Lehrer Franz Seidl in Willing als Anweisungsempfänger, ausgestellt und mit der Post als gewöhnlicher Brief ohne Wertangabe unter der Adresse

„Franz Seidl, Lehrer.
Willing, Germany (Bavaria)“.

abgeschickt. Dieser Brief traf am 15. September 1890 bei der Postexpedition Traitsching bei Cham ein, weil als Bestimmungsort irrtümlich statt Willing „Wilting“ gelesen worden war und weil eine Ortschaft Wilting zum Postbezirke Traitsching gehört. Der Brief gelangte zur weiteren dienstlichen Behandlung in die Hände des als Postbote für den

Bezirk Traitsching aufgestellten und verpflichteten Michael Berg, welcher an jenem Tage auch den Expeditionsdienst für den erkrankten Postexpeditor von Traitsching zu versehen hatte. Da der Postbote Berg wußte, daß es in der Ortschaft Wilting eine Person mit dem Namen „Franz Seidl" nicht gab, so eröffnete er den Brief und fand darin den Check. Am 18. September schickte er diesen Check als Geldbrief mit einem deklarierten Werte von 100 ℳ an den Bankier Felix Schuh in Nürnberg mit einer von ihm selbst geschriebenen und unterzeichneten Zuschrift folgenden Inhalts:

„Datum des Poststempels."

„Euer Wohlgeboren ersuche ich, den beiliegenden Check zu 500 ℳ auszuwechseln und den Betrag franko an meine unten angegebene Adresse zu schicken. Ich bitte um baldige Umwechselung.

Achtungsvoll!

Franz Seidl,
zur Zeit in Dietersdorf,
Post Traitsching bei Cham."

Um den Anschein zu erwecken, als ob ihm dieser Brief von dem angeblichen Schreiber desselben auf seinem Postbestellgange zur Weiterbeförderung übergeben worden sei, machte Berg in dem nach seiner Dienstinstruktion von ihm als Postbote zu führenden Annahmebuche den Eintrag:

„Ein Brief, wert 100 ℳ, an Felix Schuh in Nürnberg, übergeben von Franz Seidl in Dietersdorf am 18. September 1890"

und wies diesen Eintrag bei Übergabe des Briefes dem Expeditor vor. Der Brief gelangte am 19. September in die Hände des Bankiers Schuh, welcher, ohne von der unterlaufenen Fälschung eine Ahnung zu haben, noch am gleichen Tage den Betrag von 500 ℳ abzüglich 2 ℳ für verrechnete Spesen als Geldbrief mit dem deklarierten Werte von 300 ℳ an Franz Seidl unter dessen mitgeteilter Adresse abschickte. Diese Postsendung traf am 20. September in

Traitsching ein und wurde durch den Expeditor dem Postboten Berg, in dessen Bestellbezirk Dietersdorf liegt, zur Besorgung überwiesen. Berg eröffnete den Geldbrief und eignete sich den Inhalt desselben mit 498 ℳ an. Das ihm von dem Expeditor ausgefüllt übergebene Formular des Ablieferungsscheines, inhaltlich dessen Franz Seidl bestätigte, einen am 20. September 1890 bei der Postexpedition Traitsching eingetroffenen Geldbrief aus Nürnberg mit deklariertem Werte von 300 ℳ im Gewichte von 32 gr. durch den Postboten am gleichen Tage zugestellt erhalten zu haben, unterzeichnete Berg selbst mit dem Namen Franz Seidl und behändigte den also vollzogenen Schein dem Expeditor.

Welcher strafbaren Handlungen hat sich der Postbote Michael Berg hiedurch schuldig gemacht und welche Strafe — im Höchst- und Mindestmaße — hat er erwirkt?

2. Der ledige Taglöhner Z hat sich am 9. September l. Js. mit der ledigen Taglöhnerin X verehelicht. X, welche von Z schwanger war, hatte schon im April lf. Jrs., als sie volle Gewißheit über ihren Zustand erhalten hatte, den Entschluß gefaßt, das Kind, welches sie gebären würde, zu töten. Z, dem sie ihren Entschluß mitgeteilt hatte, bot alles auf, sie hievon abzubringen, jedoch vergeblich; sie forderte sogar von ihm, er selbst solle, wenn sie etwa bei der Geburt zu schwach wäre, die That ausführen. Z weigerte sich anfänglich standhaft, da ja mit Rücksicht auf ihre Verheiratung für das Kind ausreichend gesorgt sei, allein die X blieb darauf stehen, daß bei ihren beschränkten Verhältnissen ein Kind für sie nur eine Last wäre, und ihren dringenden Bitten und Vorstellungen gelang es endlich, den Z dahin zu bringen, daß er ihr versprach alles zu thun, was sie wünschte.

In Gegenwart des Z gebar die X am 16. Oktober ds. Js. ein lebendes Kind männlichen Geschlechts. Unmittelbar nach der Geburt forderte sie den Z auf, sein Versprechen zu erfüllen und das Kind zu töten. Noch jetzt beschwor sie Z, von dieser Zumutung abzustehen, allein sie drohte, daß sie, sowie sie aus dem Bett könne, sich ertränken werde, wenn Z sein Versprechen nicht sofort erfülle. Durch diese von ihm als ernstlich gemeint aufgefaßte Drohung wurde Z bestimmt, das Kind gleich nach der Geburt durch Ersticken zu töten. Zur Ausführung der That wirkte die X in keiner Weise mit.

1. Wie sind die Handlungen des Z und der X strafrechtlich zu beurteilen?

2. Kann sich Z mit Erfolg auf die Vorschrift in § 52 des Reichsstrafgesetzbuches berufen?

3. Gesetzt, die Voraussetzungen dieses Paragraphen wären thatsächlich festgestellt, würde hiedurch die rechtliche Beurteilung der Handlung der X beeinflußt? —

3. A hat am 3. Oktober ds. Jrs bei dem Schneider Y ein Monatzimmer gemietet und bezogen, ist aber schon tags darauf morgens unter Mitnahme des seinem Mietgeber gehörigen Bettes, welches sich in dem gemieteten Zimmer zu seiner Benützung befunden hatte, verschwunden. Er brachte das Bett zu seiner Geliebten B, teilte ihr mit, wie er zu demselben gekommen sei, und verlangte von ihr, daß sie das Bett verkaufen und ihm den Erlös bringen solle. Die B bot noch an demselben Tage das Bett unter dem Vorgeben, daß sie dasselbe von einer jüngst verstorbenen Tante geerbt hätte, der C zum Kaufe an; diese fragte noch, ob die Angabe der B über die Herkunft des Bettes wirklich wahr sei, da sie sonst von dem Kaufe nichts wissen wolle, und als die B darauf mit dem Anscheine voller Glaubwürdigkeit auf ihrer Angabe stehen blieb, kaufte die C das Bett im guten Glauben an die Richtigkeit dieser Angabe der B um den sofort bezahlten Preis von 45 ℳ, welche Geldsumme die B alsbald ihrem Geliebten A behändigte.

Acht Tage später kam zur C ein Gendarm und fragte sie nach dem Bette, welches sie am 3. Oktober von der B gekauft habe; A, der Geliebte der B, habe seinem Mietgeber, dem Schneider Y ein Bett entwendet und es bestehe starker Verdacht, daß die B dieses Bett zu ihr — der C —

gebracht und an sie verkauft habe. Aus Furcht, das gekaufte Bett möchte ihr abgenommen werden, leugnete nun die C, daß sie der B überhaupt ein Bett abgekauft habe. Später aber wurde bei einer in ihrer Wohnung vorgenommenen Durchsuchung das Bett gefunden.

Auf Grund dieses Sachverhalts werden A wegen Unterschlagung, B wegen Betrugs, verübt an der C, und C wegen Hehlerei angeklagt. Sind diese Anklagen begründet? Wenn nicht, worauf wäre die Anklage gegen jede der beteiligten Personen zu richten?

Die Beantwortung jeder Frage ist unter Anführung der einschlägigen Gesetzesstellen kurz zu begründen.

II. Aufgabe
aus dem Strafrechte.

1. A und B gehen, begleitet von C, dem mit der Jagdaufsicht auf den Jagdgründen des Grafen von Y betrauten Jäger, als Jagdgäste des genannten Grafen auf die Jagd. Ihr Weg führt sie an einer Wiese vorüber, auf welcher, etwa 50 Schritte von ihnen entfernt, ein Bauer, die Tabakspfeife im Munde führend, mit Mähen beschäftigt ist. A meint, es wäre ein gelungener Spaß, wenn man dem Bauern, ohne ihn zu treffen, die Pfeife vom Munde wegschießen würde. C, der als ausgezeichneter Schütze gilt, entgegnet, daß er sich wohl die Geschicklichkeit zutraue, dieses Kunststück auszuführen, wenn A mit ihm um 100 ℳ wette, so sei er bereit, sofort die Probe zu machen, und er bedinge sich nur der größeren Sicherheit halber aus, daß er sein Gewehr auf die Schulter des B auflegen dürfe. A geht sofort auf diese Wette ein; auch B erklärt sich zu der ihm angesonnenen Mitwirkung bereit. Nun legt C sein mit einer Kugel geladenes Gewehr auf die Schulter des B, zielt, drückt los, trifft aber nicht die Pfeife des Bauern, sondern verletzt diesen selbst, welcher gerade in diesem Augenblicke die rechte

Hand erhoben hatte, um nach der Pfeife zu greifen, durch einen Schuß durch die Hand. Der Bauer hat wegen der an ihm verübten strafbaren Handlung Strafantrag gestellt.

Wie ist dieser Thatbestand bezüglich des A, des B und des C strafrechtlich zu beurteilen? Als feststehend ist anzunehmen, daß C nicht geschossen hätte, wenn er nicht durch die Wette mit A hiezu verleitet worden wäre.

2. G wohnte bei der Witwe K zur Miete. Im Dienste der K befand sich ein im sechszehnten Lebensjahre stehendes, bisher unbescholtenes Mädchen, welches G mit unzüchtigen Anträgen verfolgte. Da das Mädchen diesen Anträgen kein Gehör schenkte, so wandte sich G an seine Mietgeberin K und versprach ihr eine Belohnung von einigen hundert Mark, wenn sie ihm förderlich sei, seinen Zweck bei dem Mädchen zu erreichen. Die Witwe K sicherte, durch Aussicht auf diese Belohnung angelockt, dem G ihre Beihilfe zu und stellte ihm in Aussicht, daß sie in einigen Wochen das Mädchen sicher so weit bringen wolle, daß es sich dem Verlangen des G gefügig erweise, zumal wenn G es an passenden Geschenken für das Mädchen nicht fehlen lasse. G behändigte auch in der Folgezeit der K einen Schmuck im Werte von 50 ℳ und eine goldene Uhr im Werte von 70 ℳ mit dem Auftrage, diese Gegenstände als Zeichen seiner Zuneigung dem Mädchen zu übergeben. Die K nahm diese Sachen und behielt sie für sich.

Eines Abends teilte die K dem G mit, daß es ihr jetzt gelungen sei, das Mädchen gefügig zu machen und daß letzteres den G in der Schlafkammer erwarte. Sie führte den G in die Schlafkammer des Mädchens und G vollzog mit letzterem den außerehelichen Beischlaf.

Es wird thatsächlich festgestellt, daß die K, nachdem ihre Überredungskünste bei dem Mädchen fruchtlos geblieben waren, an jenem Abende dem Mädchen, um dasselbe zur Duldung des von G gewünschten Beischlafs zu nötigen, ein betäubendes Mittel beigebracht hatte, infolgedessen das Mädchen in einen bewußtlosen Zustand versetzt war.

Wie sind die Handlungen des G und der K strafrechtlich zu beurteilen,

a) wenn G bei Vollziehung des Beischlafs der Meinung war, daß das Mädchen infolge der Überredung durch seine Dienstherrin mit seinem Beginnen einverstanden sei?

b) wenn G noch vor Beginn des Aktes sich bewußt wurde, daß er es mit einer in willen- und bewußtlosem Zustande befindlichen Frauensperson zu thun habe?

c) wenn die K dem G, ehe sie ihn zur Schlafkammer des Mädchens führte, gesagt hätte, daß das Mädchen bisher aller Verführung widerstanden, daß aber sie — die K — um den Widerstand des Mädchens zu brechen, demselben ein betäubendes Mittel beigebracht habe, infolge dessen es unfähig sei, sich zu wehren.

Das Alter des Mädchens war dem G und der K bekannt. Der Vater des Mädchens hat wegen der Schändung seiner Tochter Strafantrag gestellt.

3. F ist Besitzer einer Villa. Dieselbe ist an einem See gelegen und das Wasser des Sees reicht bis hart an die Villa heran. An dem auf den See hinausgehenden Fenster eines Zimmers im Erdgeschoße der Villa sitzend gewahrt F, wie soeben ein etwa fünfzehnjähriger Knabe aus einem Kahne in den, wie F wußte, dort sehr tiefen See gestürzt ist und in der Gefahr des Ertrinkens schwebt. F hatte an dem Fenster, wo er saß, einen kostbaren Teppich befestigt, der in den See hinaushing und sah, wie der Knabe auf diesen Teppich, der ihm aller Voraussicht nach die ersehnte Rettung ermöglicht hätte, zustrebte, um sich an demselben festzuhalgen. Da F besorgte, daß dieser Teppich beschädigt würde, wenn der Knabe sich an ihn klammerte, so zog er schleunig den Teppich zurück, ehe der sich nur mit Not noch über Wasser haltende Knabe ihn erfassen konnte. Da ihm andere Hilfe nicht zuteil wurde, ertrank der Knabe.

Ist F für den Tod des Ertrunkenen strafrechtlich verantwortlich? Wie wäre diese Frage zu beantworten, wenn der im Wasser liegende Knabe bereits den Teppich erfaßt hatte und F ihm denselben durch gewaltsames Zurückziehen aus der Hand gerissen hätte?

Die Beantwortung der Fragen ist unter Anführung der einschlägigen Gesetzesstellen kurz zu begründen.

I. Aufgabe
aus dem Strafprozeßrechte.

1. Am 1. Oktober 1890 nachts 11 Uhr brach im Dachraume des Wohnhauses des Bauern A zu M Feuer aus, infolge dessen das Haus bis auf den Grund niederbrannte. Die Inwohner retteten sich mit Ausnahme des Dienstknechtes B, welcher seine Schlafstätte in einer Kammer des Dachraumes hatte und als verkohlter Leichnam unter den Trümmern des Hauses aufgefunden wurde. Verdacht, das Feuer gelegt zu haben, richtete sich gegen den übel beläumundeten Taglöhner C von M. Derselbe war in der ersten Hälfte des Dezember 1885 — genauer ließ sich die Zeit nicht mehr feststellen — wegen Nachlässigkeit aus dem Dienste des A entlassen worden und dann Jahre lang verschollen, vor kurzem aber wieder nach M zurückgekehrt, hatte neuerdings um Aufnahme in den Dienst des A nachgesucht, von diesem jedoch eine schroffe Abweisung erfahren und hierauf unverhohlen mit seiner Rache gedroht. Nach durchgeführter Voruntersuchung wurde auch durch Beschluß der Strafkammer des Landgerichts N vom 31. Oktober gegen C wegen Verbrechens der Brandstiftung gemäß § 307 Ziff. 1 in Verbindung mit § 306 Ziff. 2 des St.G.B. das Hauptverfahren vor dem Schwurgericht bei dem Landgerichte N eröffnet. Da unmittelbar bevor der Ausbruch des Feuers wahrgenommen wurde, Vorübergehende vom Dachraume her ein Geräusch wie von zwei mit einander ringenden Männern zu hören geglaubt hatten, so bestand zwar Verdacht, daß C sich

auch eines Verbrechens nach § 214 des St.GB. schuldig gemacht habe; die Strafkammer erachtete jedoch die hiewegen von dem Staatsanwalt erhobene Klage nicht für hinreichend erwiesen und setzte daher in dieser Richtung durch den Beschluß vom 31. Oktober den C außer Verfolgung.

Bei der am Vormittag des 5. Dezember abgehaltenen Schwurgerichtssitzung ergaben sich nun neue dringende Anhaltspunkte dafür, daß C bei Unternehmung seiner strafbaren Handlung sei es, um das durch plötzliche Dazwischenkunft des B ihm entgegengetretene Hindernis zu beseitigen, sei es, um nicht auf frischer That ergriffen zu werden, den B auf irgendeine Weise — wahrscheinlich nach kurzem Ringen durch einen Messerstich — vorsätzlich getötet habe. Nach dem Ergebnis der Hauptverhandlung war ferner anzunehmen, daß C, welcher von seinem früheren Dienstverhältnis her wußte, daß A sein Geld auf dem Dachraume zu verbergen pflegte, und erfahren hatte, daß derselbe am 30. September 1000 ℳ eingenommen, bei seinem Unternehmen es auch auf dieses Geld abgesehen hatte. Letzteres war indes, was C nicht wußte, noch am 30. September von A zur Bezahlung einer Schuld verwendet worden. C selbst, welcher früher jede Kenntnis von der Sache geleugnet hatte, gab zu, daß er des Geldes wegen den Dachraum aufgesucht habe, und daß auch der Brand durch ihn verursacht worden sei, indem er sich aus Unvorsichtigkeit mit seiner brennenden Kerze zu stark dem dürren Holzwerk genähert habe. Absichtliche Brandstiftung hiegegen sowie ein Zusammentreffen mit B stellte C entschieden in Abrede. Auf die Frage, wie er in den Dachraum gelangt sei, erklärte C, er habe gelegentlich seines Austrittes aus dem Dienste bei A einen der vorhandenen zwei Hausschlüssel an sich genommen, denselben bei seiner Abreise von M mit anderen Gegenständen bei seinen Eltern hinterlegt und bei seiner Rückkehr wieder zu sich gesteckt und sei unter Benützung dieses Schlüssels in das Haus des A, hier aber sodann ohne Schwierigkeit auf den unversperrten Speicher gelangt; übrigens habe er sich, da er vom Speicher herab ein Geräusch vernommen, nicht sofort nach Betreten des Hauses dorthin begeben, sondern wohl zwei Stunden in der Hausflur unterhalb der Treppe versteckt gehalten, bis alles im Hause ruhig geworden sei. A bemerkte, daß er in der That seit dem Dienstaustritt des C einen Hausschlüssel vermisse und daß auch das Schloß in der Zwischenzeit keine Änderung erfahren habe.

Die von dem Vorsitzenden entworfene, den Geschworenen vorzulegende Frage entsprach dem Eröffnungsbeschluß. Der Staatsanwalt beantragte jedoch, die Fassung und Bestimmung des gegenseitigen Verhältnisses der Fragen dem Gerichte überlassend, auch eine Frage wegen Verbrechens nach § 214 des St.G.B., eine Frage wegen des Schlüsseldiebstahls und eine Frage wegen Diebstahlsversuch nach § 242 in Verbindung mit § 43 des St.G.B. Zu dem letzten Antrage bemerkte der Staatsanwalt noch, daß er von der Aufnahme der erschwerenden Umstände des § 243 Ziff. 7 des St.G.B. in die Frage, obwohl das eigene Vorbringen des C dieselbe rechtfertigen würde, um deswillen absehe, weil sonst die Zulässigkeit der Aburteilung des Falles im gegenwärtigen Verfahren bezweifelt werden könnte und für die Strafausmessung die Qualifikation der That als Verbrechen oder Vergehen unter den obwaltenden Verhältnissen doch von keinem besonderen Belang erscheine.

C beantragte, bei der Fragestellung zu berücksichtigen, daß er den Brand nicht absichtlich, sondern bloß fahrlässiger Weise verursacht habe, und bat, soweit etwa „mildernde Umstände" im Gesetze vorgesehen, auch Fragen hierauf zu richten. Demselben waren die Bestimmungen der §§ 264 und 265 der St.P.O. bekannt gegeben und unter Hinweisung auf die dem Eröffnungsbeschluß gegenüber veränderten rechtlichen Gesichtspunkte und neu hervorgetretenen Thatsachen Gelegenheit zur Verteidigung geboten worden, ohne daß C Aussetzung der Verhandlung beantragte, wie er sich auch ausdrücklich damit einverstanden erklärte, daß sowohl das ihm vorgeworfene Verbrechen nach § 214 des St.G.B. als auch die von ihm eingestandenen Reate des Diebstahls und des Diebstahlsversuchs mit zum Gegenstande der Aburteilung gemacht würden.

Wie hat das Gericht die Fragen festzustellen? Insoweit etwa die Anträge des Staatsanwalts oder des Angeklagten unberücksichtigt bleiben, ist der Grund hiefür anzugeben.

2. E verbüßt seit 30. Dezember 1875 im Zuchthaus Kaisheim eine ihm wegen Raubes zuerkannte 15jährige Zuchthausstrafe. Im Jahre 1880 beteiligte sich derselbe im Zuchthaus an einer Meuterei, weshalb er am 7. Mai 1880 von dem Landgericht Neuburg a./D. zu einjährigem Gefängnis verurteilt wurde. Nachdem der Staatsanwalt bei diesem Berichte mit der Bescheinigung der Vollstreckbarkeit versehene beglaubigte Abschrift der Urteilsformel erhalten hatte, ersuchte derselbe mit Schreiben vom 1. Juni 1880 die Zuchthausverwaltung Kaisheim, den E nach Verbüßung der Zuchthausstrafe zur Vollstreckung der Gefängnisstrafe in die Gefangenanstalt Laufen abzuliefern, und gab hievon dem E Kenntnis. Weitere auf den Vollzug der letzteren Strafe gerichtete Handlungen wurden nicht vorgenommen. Am 1. Dezember 1890 eröffnete der Direktor des Zuchthauses Kaisheim dem E, daß er am 30. Dezember in die Gefangenanstalt Laufen abgeliefert werde, wogegen E geltend machte, daß die Vollstreckung der Gefängnisstrafe bereits verjährt sei.

Ist diese Behauptung richtig? Welche Mittel stehen unter der Annahme, daß die Vollstreckung der Gefängnisstrafe verjährt ist, dem E zu Gebote, um den Vollzug derselben abzuwenden?

II. Aufgabe
aus dem Strafprozeßrechte.

Am 1. Juli 1890 wurde B von R, ehelicher Sohn des Taglöhners A von dort, wegen eines am 8. Juni 1890 verübten Vergehens der Unterschlagung vom dem Schöffengericht in R zu 3 Tagen Gefängnis und den Kosten verurteilt. Durch Urteil des Landgerichts T vom 1. August wurde die Berufung des B als unbegründet verworfen und B in die Kosten der Berufung verfällt. Revision wurde nicht eingelegt. Zufolge der Entscheidungsgründe nahmen die Gerichte beider Instanzen an, daß B, wie es in einem für denselben ausgestellten Schulzeugnisse vom 16. Juni 1890 hieß, am 5. Juni 1878 geboren sei, und legten der Angabe des B, welcher als seinen Geburtstag den 15. Juni 1878 bezeichnete, keinen Wert bei.

Durch Urteil des Landgerichts T vom 16. August 1890 ferner wurde A eines am 21. Juni 1890 zum Nachteil des Bauern D von R verübten Verbrechens des Diebstahls und B des Verbrechens der Teilnahme hieran durch Hilfeleistung, weiter A eines am 1. Mai 1890 verübten Vergehens der Körperverletzung für schuldig erklärt, A zu einer Gesamtstrafe von 1 Jahr 6 Monaten Zuchthaus sowie zum Verlust der bürgerlichen Ehrenrechte auf die Dauer von 10 Jahren, B unter Einrechnung der ihm wegen Unterschlagung zuerkannten Strafe zu einer Gesamtstrafe von 15 Tagen Gefängnis verurteilt, der Dienstknecht C von R dagegen von der Anklage eines am 21. Juni 1890 zum Nachteil des D verübten Diebstahls freigesprochen, endlich bestimmt, daß A und B ein jeder die ihn treffenden Kosten des Strafverfahrens und des Strafvollzugs und zwar die auf das Verfahren wegen Diebstahls und Beihilfe hiezu treffenden Auslagen unter samtverbindlicher Haftung zu tragen haben, die auf das Verfahren gegen C erwachsenen ausscheidbaren Kosten aber der Staatskasse zur Last fallen. Die Entscheidungsgründe, soweit hier von Belang, lauten:

Durch die Aussage des Zeugen Bauer D von R ist festgestellt, daß demselben am 21. Juni 1890 nachmittags zwischen 4 und 5 Uhr, während er mit seinen Leuten abwesend war, aus seinem am westlichen Ende von R einsam gelegenen Wohngebäude und zwar aus dem zu ebener Erde befindlichen Schlafzimmer 100 ℳ in Silber, die im Strohsack seines Bettes versteckt waren, abhanden kamen und daß der Dieb oder die Diebe durch ein an der Rückseite des Hauses 2 Meter über dem Boden befindliches Fenster, welches eingedrückt wurde, in das versperrte Haus gelangt waren. — Zeuge Schuhmacher E von R sagte aus: er habe, als er $4^1/_2$ Uhr auf dem Wege von R nach S in einer Entfernung von etwa 50 Schritt am Hause des D vorübergekommen sei, in der Nähe des Hauses den B bemerkt, welcher nach allen Seiten Umschau gehalten und, als er seiner ansichtig geworden sei, gepfiffen habe; darauf sei A aus dem Fenster an der Rückseite des Hauses gesprungen und mit B über die Felder davongelaufen; während er den beiden nachgesehen habe, sei noch ein zweiter Mann an der Rückseite des Hauses aufgetaucht, welcher dann ebenfalls davongelaufen sei; er habe denselben nicht erkannt und glaube nicht, daß es C gewesen sei. — Zeuge Bauer F von R sagte aus: er habe von seinem ein paar hundert Schritte entfernten Felde aus zwischen 4 und 5 Uhr den E am Hause des D vorübergehen und gleichzeitig einen Erwachsenen und einen Jungen vom Hause hinweg über die Felder davonlaufen sehen; in dem ersteren habe er den C, in dem letzteren den B zu erkennen geglaubt; er habe sonst niemanden gesehen, aber allerdings auch nicht besonders aufgepaßt. — A, B und C stellten jede Kenntnis von der Sache in Abrede und A machte außerdem geltend, daß er sich zur Zeit des Diebstahls in dem $2^1/_2$ Stunden von R entfernten S im Wirtshaus befunden habe; die von ihm als Zeugin benannte Kellnerin G von S konnte jedoch nicht ausfindig gemacht werden. — Verlesen wurde ein rechtskräftiges Urteil des Landgerichts T vom 3. Januar 1888, nach welchem A bereits auch im Jahre 1887 einen Diebstahl unter ähnlichen Umständen wie jenen zum Nachteil des D verübt und B sich hieran durch Wachestehen beteiligt hatte. — Nach den bekannt gegebenen Straflisten ist A wegen jenes Diebstahls zu 1 Jahr Zuchthaus, sonst aber noch nicht verurteilt und C nur einmal wegen Ruhestörung bestraft worden. B ist, wie aus den betreffenden Akten des Amtsgerichts R konstatiert wurde, durch rechtskräftiges Urteil des Schöffengerichts daselbst vom 1. Juli 1890 wegen eines Vergehens der Unterschlagung zu 3 Tagen Gefängnis verurteilt worden, welche Strafe er noch nicht erstanden hat.

Auf Grund des Vorstehenden hat sich die Überzeugung gebildet, daß A den Einbruchs- und Einsteig-Diebstahl zum Nachteil des D begangen und B hiebei durch Wachestehen wissentlich Hilfe geleistet hat, wogegen sich hinreichende Anhaltspunkte für die Beteiligung des C an dem Diebstahl nicht ergaben. B, welcher am 21. Juni 1890 bereits das 12. Lebensjahr vollendet hatte, besaß nach seinem heutigen Auftreten auch zweifellos die zur Erkenntnis der Strafbarkeit seiner That erforderliche Einsicht.

(Folgen auf das Vergehen der Körperverletzung bezügliche Ausführungen.)

Auf den Diebstahl finden § 242 und § 243 Ziff. 2, auf die Beihilfe hiezu außerdem § 49, § 44 Abs. 1 und 4 und § 57 Ziff. 3, auf die Körperverletzung §§ 223 und 223a des St.G.B. Anwendung, und es erscheinen für den Diebstahl Zuchthaus von 1 Jahre und 3 Monaten, für die Beihilfe hiezu 14 Tage Gefängnis, für die Körperverletzung Gefängnis von 6 Monaten, dann als Gesamtstrafe gemäß § 74 und bzw. § 79 des St.G.B. gegen A Zuchthaus von 1 Jahre und 6 Monaten, gegen B unter Berücksichtigung der demselben wegen Unterschlagung zuerkannten Strafe 15tägiges Gefängnis angemessen. Der Ausspruch bezüglich der Ehrenfolgen beruht auf § 32 des St.G.B. und das Urteil im Kostenpunkte auf § 496 Abs. 1, § 497 Abs. 1 und § 498 Abs. 2 der St.P.O.

Nach dem Sitzungsprotokoll vom 16. August 1890 wurden die Zeugen vor ihrer Vernehmung nach erfolgter Eidesbelehrung gesetzlich beeidigt.

Revision wurde nicht eingelegt. B erstand seine Strafe vom 1. bis 16. September. A wurde, da er der Ladung zum Strafantritt „wegen seiner Unschuld" keine Folge leistete, am 5. September abends 6 Uhr in das Zuchthaus zu X eingeliefert.

Am 15. Oktober stellte der Staatsanwalt am Landgerichte T daselbst den schriftlichen Antrag, in der Richtung gegen C, seit 1. Oktober Soldat des K. 1. Infanterieregiments zu München, das durch Urteil vom 16. August geschlossene Verfahren auf Grund des § 402 Ziff. 4 der St.P.O. wiederaufzunehmen, da, wie Bauer und Bürgermeister J von R bestätigen könne, C nach erfolgter Freisprechung ein Geständnis seiner That abgelegt habe. — Ebenfalls am 15. Oktober stellte auch A zu Protokoll des Gerichtsschreibers am Amtsgericht in X den Antrag an das Landgericht T, das durch Urteil vom 16. August geschlossene Verfahren wegen Diebstahls auf Grund des § 399 Ziff. 5 der St.P.O. wieder aufzunehmen, weil die zur Führung seines Alibibeweises vorgeschlagene Zeugin G nach S zurückgekehrt sei und daher nunmehr vernommen werden könne. — Mit Eingabe an das Landgericht T vom 16. Oktober endlich beantragte A als gesetzlicher Vertreter seines Sohnes B auch bezüglich des letzteren gemäß § 399 Ziff. 5 der St.P.O. Wiederaufnahme der beiden durch Urteile vom 1. und vom 16. August geschlossenen Verfahren und zwar des ersteren, weil B, wie ein Auszug aus dem Geburtsregister beweisen werde, am 8. Juni 1890 noch nicht strafmündig gewesen sei, des letzteren weil durch seine, des A, Schuldlosigkeit auch der Schuldbeweis bezüglich des B erschüttert werde.

Nachdem C über den ihm zugestellten Antrag des Staatsanwalts und letzterer über die ihm mitgeteilten Anträge des A innerhalb der ihnen vorgesetzten Frist keine Erklärung abgegeben hatten, wurden durch Strafkammerbeschluß vom 31. Oktober die Anträge für zulässig erklärt, die Einsendung eines Auszugs aus dem Geburtsregister der Gemeinde R für den B verfügt und die eidliche Vernehmung der Zeugin G und J sowie des Lehrers K von R, ferner die Einvernahme des B dem Amtsgerichte R übertragen.

Der Geburtsregister-Auszug vom 5. November bestätigte die am 15. Juni 1878 erfolgte Geburt des B. Bei der eidlichen Vernehmung vor dem Amtsgerichte R am 10. November sagten aus

Zeugin G: A sei oft im Wirtshaus zu S eingekehrt; sie wisse aber nicht mehr, ob dies auch am Nachmittag des 21. Juni der Fall gewesen sei.

Zeuge J: Am 16. August habe C, von der Verhandlung in T nach R zurückgekehrt, im Wirtshaus zum Adler daselbst in Bezug auf seine Freisprechung geäußert, daß er aus der Geschichte gut herausgekommen sei, und auf seine, des Zeugen, Frage, ob er etwa doch dabei gewesen sei, erwidert, es möge jeder glauben, was er wolle, ihm könne man unter keinen Umständen mehr etwas anhaben. Übrigens habe auch Zeuge E nachträglich den C als den Dieb bezeichnet. E sei nämlich am 8. November abends nach längerer Krankheit gestorben und habe ihn kurz vor seinem Tode noch rufen lassen und ihm „zur Erleichterung seines Gewissens“ bei vollem Bewußtsein gestanden, daß er am 16. August einen Meineid geschworen habe, indem er außer dem B nur noch eine Person bei dem Hause des D gesehen habe, und dieser Eine, welcher aus dem Fenster gesprungen und davongelaufen sei, nicht der A, wie er angegeben habe, um sich an demselben für eine ihm zugefügte Beleidigung zu rächen, sondern der C gewesen sei.

Zeuge K: Die irrige Bezeichnung des 5. Juni 1878 als Geburtstag des B in dessen Schulzeugnis habe ihren Grund in einer beim Eintritt des Knaben in die Schule von dessen Vater gemachten unrichtigen Altersangabe.

B ebenfalls am 10. November vernommen, räumte auf Bekanntgabe der ihn betreffenden Anträge seines Vaters und der gepflogenen Beweiserhebungen nunmehr ein, während der Anwesenheit des C im Hause des D wachgestanden zu sein, behauptete aber zugleich, hiebei nicht an einen Diebstahl, sondern nur an einen Scherz des C gedacht zu haben, und erklärte weiter, daß C seine Beihilfe zu dem vermeintlichen Scherze und sein bisheriges Stillschweigen durch wiederholte kleine Geldgeschenke erkauft habe. Auf die Frage, warum er sich nicht selbst zum Nachweise seines Alters auf das Geburtsregister berufen habe, antwortete B, daß er nicht wisse, was ein Geburtsregister sei.

Der am 8. November erfolgte Tod des E fand auch durch einen eingeforderten Auszug aus dem Sterberegister der Gemeinde R vom 13. November Bestätigung.

Gemäß § 409 Abs. 4 zur ferneren Aeußerung aufgefordert, erklärte innerhalb vorgesetzter Frist unter Bezugnahme auf die gepflogenen Erhebungen A am 17. November zu Protokoll des Gerichtsschreibers am Amtsgerichte X,

daß er den Antrag auf Wiederaufnahme des Verfahrens in der Richtung gegen ihn selbst nun auch auf § 399 Ziff. 2 der StPO. gründe und zugleich die Entlassung aus der Haft beantrage, daß er sich bezüglich der Beteiligung seines Sohnes an dem Vorfall vom 21. Juni nicht weiter äußern wolle, hingegen den Antrag auf Wiederaufnahme des gegen denselben wegen der Unterschlagung durchgeführten Verfahrens wiederhole und sogar bitte, es wolle hier ohne Erneuerung der Hauptverhandlung sofort in der Sache selbst enschieden werden; der Staatsanwalt — auch von der jüngsten Erklärung des A in Kenntnis gesetzt — am 20. November schriftlich, daß er gegen die letzte Bitte des A nichts einzuwenden habe, im übrigen Zulässigkeit und Begründung der gestellten Anträge lediglich der Würdigung des Gerichts anheimstelle, seinen eigenen Wiederaufnahmeantrag gegen C aber nun auch auf § 402 Ziff. 2 der StPO. stütze.

C, welcher mit Entschließung vom 22., zugestellt am 25. November, zur ferneren, innerhalb 8 Tagen abzugebenden Erklärung gemäß § 409 Abs. 4 der StPO. aufgefordert wurde, gab auch jetzt keine Erklärung ab.

Es ist der Entwurf der gerichtlichen Entscheidung oder der gerichtlichen Entscheidungen, wenn mehrere selbstständige Entscheidungen für nötig oder zweckmäßig erachtet werden, anzufertigen. Als Zeitpunkt des Erlasses ist der Nachmittag des 5. Dezember 1890 anzunehmen. Die beteiligten Gerichtspersonen sind durch Buchstaben zu bezeichnen.

Praktischer Fall

aus dem Justizfache für die zweite Prüfung der Rechtskandidaten in deu Landesteilen rechts des Rheins im Jahre 1890.

Die Kandidaten haben die auf grund der mündlichen Verhandlung vom 29. November 1890 zu erlassende Entscheidung nach Maßgabe der in der Zivilprozeßordnung enthaltenen Vorschriften auszuarbeiten; die Darstellung des Thatbestandes kann unterbleiben. In den Entscheidungsgründen sind die sämmtlichen in den mündlichen Vorträgen geltend gemachten Gesichtspunkte zu würdigen.

Neben den Reichsgesetzen ist das Gemeine Recht mit den für das ganze Gebiet desselben in Bayern geltenden Landesgesetzen anzuwenden.

Der zur Rechtsanwaltschaft bei dem Königlichen Landgerichte Friedburg zugelassene Rechtsanwalt Dr. Korn dortselbst erhob als Bevollmächtigter des Vormunds des Privatierssohnes Otto Müller, Kaufmanns Ludwig Winter zu Friedburg, gegen den Gastwirt Georg Reindl zu Feldheim eine an das Königliche Landgericht Friedburg gerichtete Klage.

Auf Einreichung der Klageschrift bei der Gerichtsschreiberei des Prozeßgerichts wurde zur mündlichen Verhandlung des Rechtsstreits Termin auf den 29. November 1890 vormittags neun Uhr vor der ersten Zivilkammer des Landgerichts bestimmt.

Der Beklagte, dem die Klageschrift am 25. Oktober 1890 zugestellt wurde, bestellte als Prozeßbevollmächtigten den zur Rechtsanwaltschaft bei dem Prozeßgerichte zugelassenen Rechtsanwalt Heumann.

Die Anwälte der Parteien wechselten die erforderlichen vorbereitenden Schriftsätze.

Die erste Zivilkammer des Prozeßgerichts war in der zur mündlichen Verhandlung des Rechtsstreits bestimmten Sitzung mit folgenden Richtern besetzt: Landgerichtspräsident Reichart, Landgerichtsräte Werner und Hahn. Als Gerichtsschreiber leistete Dienst der Rechtspraktikant Lindner.

Bei dem Aufrufe der Sache waren die Rechtsanwälte Dr. Korn und Heumann erschienen. Der Vorsitzende eröffnete die mündliche Verhandlung. Es verlas hierauf der Rechtsanwalt Dr. Korn aus der Klageschrift folgenden Antrag:

„Das Königliche Landgericht wolle feststellen, daß Otto Müller Alleinerbe seines Vaters Friedrich Müller und seines Oheims Karl Müller sei und daß dem Beklagten weder auf den Nachlaß des einen noch auf den des andern ein Anspruch zustehe, ferner dem Beklagten die Kosten des Rechtsstreites auferlegen,"

sodann Rechtsanwalt Heumann aus der Klagebeantwortungsschrift den Antrag:

„Das Königliche Landgericht wolle die Klage abweisen und den Kläger zur Tragung der Kosten des Rechtsstreits verurteilen."

Der Vorsitzende erteilte hierauf das Wort dem Rechtsanwalte Dr. Korn. Dieser trug folgendes vor:

„Am 15. August d. J. starb hier, an seinem Wohnsitze, der Privatmann Karl Müller. Er war nie verheiratet gewesen. Die einzigen Verwandten, die er hinterließ, waren sein Bruder Friedrich Müller und dessen Sohn Otto, der Mündel des Klägers. Die Brüder Friedrich und Karl Müller hatten von ihren Eltern ein bescheidenes, aus einem in hiesiger Stadt gelegenen Wohnhause und teils in Staatspapieren, teils in Industriepapieren angelegten Kapitalien bestehendes Vermögen ererbt. Damals war auch Friedrich Müller noch unverheiratet. Die Brüder setzten den — zuletzt mit ihrem verwitweten Vater geführten — gemeinschaftlichen Haushalt im elterlichen Hause nach dem Tode des Vaters fort und nahmen, weil unter ihnen das beste Einvernehmen bestand, niemals eine Teilung des ihnen angefallenen Vermögens vor. Die nötigen Verwaltungsgeschäfte besorgte der ältere Bruder, Karl.

Von dem Wunsche geleitet, daß der Hauptbestand des gemeinschaftlichen Vermögens nach dem Tode des einen zunächst in der Hand des anderen vereinigt bleibe und nach des letzteren Tode einem Verwandten ihrer verstorbenen Stiefmutter zufalle, schlossen sie am 15. März 1887 einen Erbvertrag. Dieser lautete wörtlich wie folgt:

„„Erbvertrag.

1. Unser beiderseitiges Vermögen soll nach dem Tode des einen von uns dem anderen verbleiben.
2. Jeder von uns behält sich jedoch vor, über ein Kapital von 10000 Mark letztwillig anderweit zu verfügen.
3. Ein Kapital von 3000 Mark soll nach dem Tode desjenigen von uns, der zuerst stirbt, der Gastwirt Georg Reindl in Feldheim erhalten.
4. Ich Karl Müller bestimme, daß die mir in Aussicht

stehende Erbschaft meines Freundes Konrad Altmann nach meinem Tode auf Georg Reindl übergehen soll.

5. Nach dem Tode des von uns beiden zuletzt Sterbenden soll unser gesamter Nachlaß dem Georg Reindl als Erben zufallen.

Diesen Vertrag haben wir in zwei Exemplaren ausgefertigt. Jeder von uns hat ein Exemplar in Verwahrung genommen.

Friedburg, am 15. März 1887.

Karl Müller

Unter Vorbehalt des Widerrufs
Friedrich Müller.""

Zur Erklärung des von Friedrich Müller der Unterzeichnung des Vertrags beigefügten Vorbehaltes bemerke ich folgendes:

Schon vor dem Abschlusse des Vertrages war Friedrich Müller in ein näheres Verhältnis zu seiner nachmaligen Ehefrau und nunmehrigen Witwe getreten und diese hatte am 26. Oktober 1886 ein Kind geboren, dessen Vater Friedrich Müller war. Der Anstoß zum Abschlusse des Erbvertrags war ohne Zweifel von Kart Müller ausgegangen. Friedrich Müller stand ganz unter dem Einflusse seines ihm an Willensstärke überlegenen Bruders und vermochte sich dem Ansinnen desselben nicht zu entziehen. Von dem Liebesverhältnisse Friedrich Müllers. und dem Dasein des Kindes wußte Karl Müller damals noch nichts, und ersterer hatte offenbar nicht den Mut, seinen Bruder zum Mitwisser zu machen. Um aber durch den Abschluß des Erbvertrags sich die Möglichkeit, für sein Kind einigermaßen zu sorgen, nicht vollständig zu entziehen, schlug er seinem Bruder die mit Ziffer 2 bezeichnete Bestimmung des Vertrags vor, auf die dieser, ohne nach dem Beweggrunde zu fragen, bereitwillig einging. Als es sodann zur Unterzeichnung des Vertrags kam, fügte Friedrich Müller, offenbar ebenfalls aus Rücksichten der Fürsorge für sein Kind, den Vorbehalt des Widerrufs bei, an dem sein Bruder, vielleicht in der Meinung, daß er rechtlich ohne Belang sei, weil der Erbvertrag nur durch Vertrag aufgehoben werden könne, keinen Anstoß nahm. Daß Friedrich Müller zu den eben erwähnten Handlungen in der That durch die Rücksicht auf sein Kind bestimmt worden war, geht daraus hervor, daß er am 20. März 1887 vor dem Notar Wild zu Grünstein eine letztwillige Verfügung errichtete, durch die er seinem Kinde ein Vermächtnis von 10000 Mark aussetzte.

Nicht lang darnach scheinen dem Karl Müller indes doch Zweifel über die Tragweite jenes Widerrufsvorbehaltes aufgestiegen zu sein. Nur hieraus und aus der Absicht, die Giltigkeit und den Bestand des Erbvertrags zu sichern, läßt sich eine von ihm ohne Wissen seines Bruders vorgenommene, erst nach seinem Tode zutage gekommene Handlung erklären.

Alsbald nach dem Tode Karl Müllers legte nemlich der hiesige Notar Thoma dem Amtsgerichte Ausfertigung einer unter Beobachtung der gewöhnlichen Förmlichkeiten einer Notariatsurkunde aufgenommenen Urkunde vor, inhaltlich deren am 7. Mai 1887 Karl Müller in Gegenwart zweier Zeugen ihm ein mit seinem Privatsiegel verschlossenes Schriftstück mit der Erklärung übergab, das sei seine letztwillige Verfügung, worauf der Notar auf dem Umschlage des Schriftstücks unter Beidrückung des Notariatssiegels durch seine und der beiden Zeugen Unterschrift bestätigte, daß Karl Müller das in dem Verschlusse Enthaltene als seine letztwillige Verfügung erklärt habe, das so überschriebene Schriftstück selbst aber auf Verlangen des Karl Müller diesem zurückgab. Das von Karl Müller als seine letztwillige Verfügung Erklärte war das am 15. März 1887 von ihm in Verwahrung genommene Exemplar des Erbvertrags. Es ist dies dadurch außer Zweifel gestellt, daß sich, als man demnächst unter den von ihm hinterlassenen Papieren Nachsuchung pflog, in einem mit der erwähnten Bestätigung des Notars überschriebenen, übrigens durch Erbrechen der Siegel geöffneten Umschlage die eine der beiden Ausfertigungen des Erbvertrags unversehrt und unverändert vorfand.

Am 1. Juli 1890 verehelichte sich Friedrich Müller mit der Mutter seines natürlichen Kindes. Diese Thatsache konnte nicht verfehlen, ungünstig auf das Verhältnis der beiden Brüder zu wirken; Friedrich Müller nahm mit seiner Familie Wohnung in einem fremden Hause. Selbstverständlich mußte nun auch an die Auseinandersetzung des bis dahin ungeteilten Vermögens gegangen werden. Schon hatten die Vertrauensmänner der beiden Brüder die einleitenden Schritte dazu gethan, als Karl Müller ganz unerwartet am 15. August d. J. starb.

Die Rechtslage, vor der man nun stund, wäre höchst einfach gewesen, wenn man es nur mit dem Erbvertrage vom 15. März 1887 zu thun gehabt hätte. Sie verwickelte sich aber alsbald dadurch, daß vom hiesigen Notar Zink dem Amtsgerichte ein am 10. Juli d. J. vor ihm errichtetes — wie ich sofort zugeben will —, allen gesetzlichen Formvorschriften genügendes Testament des Karl Müller übergeben wurde. Dessen Inhalt lautet wie folgt:

„„Da mein Bruder Friedrich Müller geheiratet hat, erachte ich mich an den mit ihm geschlossenen Erbvertrag nicht mehr gebunden. Ich verfüge deshalb hiemit, daß nicht mein genannter Bruder, sondern der Gastwirt Georg Reindl zu Feldheim mein Erbe sein soll.““

Die Einleitung der Verlassenschaftsbereinigung verzögerte sich dadurch, daß Friedrich Müller damals krank und unfähig, eine Erklärung abzugeben, darniederlag. Ohne diese Fähigkeit wiedererlangt zu haben, starb er am 3. September d. J.

Am 15. desſ. Mts. wurden sodann vor dem hiesigen Amtsgerichte der Erbvertrag vom 15. März 1887, dessen zweites Exemplar sich unversehrt und unverändert unter den von Friedrich Müller hinterlassenen Papieren gefunden hatte, die letztwillige Verfügung Friedrich Müllers vom 20. März 1887 und das Testament Karl Müllers den Beteiligten, als welche nur der Vormund des Knaben Otto Müller und der Gastwirt Georg Reindl in Frage kamen, verkündet. Nach dem hierüber aufgenommenen Protokoll erklärten hierauf

1. der Vormund Ludwig Winter, „„daß er auf grund des Erbvertrags, auf grund der letztwilligen Verfügung vom 20. März 1887 und kraft des gesetzlichen Erbrechts seines Mündels für diesen die Erbschaft der Brüder Karl und Friedrich Müller antrete,““ ferner
2. Georg Reindl, „„daß er auf grund des Erbvertrags und des Testaments vom 10. Juli d. J. sich als den ausschließlichen Erben der beiden Brüder betrachte, die Erbschaft antrete und zur Erfüllung des dem Otto Müller ausgesetzten Vermächtnisses von 10000 Mark bereit sei.““

Die Erklärung des Vormunds wurde vom Vormundschaftsgerichte genehmigt.

Auf Vorschlag des Amtsrichters einigten sich die soeben genannten beiden Beteiligten dahin, daß der ungeteilte Nachlaß der Brüder dem hiesigen Rechtsanwalte Ernst zur Verwahrung und Verwaltung übergeben und daß zur Herbeiführung der Entscheidung darüber, wer Erbe sei, der Rechtsweg betreten werde. Rechtsanwalt Ernst war zur Annahme des Auftrags bereit und hat am 16. September Besitz und Verwaltung des Hauses, der darin befindlichen Fahrnisse und der sämtlichen Wertpapiere übernommen. Zu dem Nachlasse gehört übrigens auch die unter Ziffer 4 des Erbvertrags erwähnte Erbschaft des Konrad Altmann von Grünthal. Dieser hatte in einem am 20. November 1885 errichteten Testamente den Karl Müller zu seinem Erben ernannt und starb am 27. Juli 1890 mit Hinterlassung von Seitenverwandten des vierten Grades. Bei der am 31. Juli d. J. geschehenen Eröffnung und Verkündung des Testaments bestritten diese Verwandten die Giltigkeit des Testaments mit der Behauptung, Altmann sei bei der Errichtung desselben geisteskrank gewesen. Sie beanspruchten hienach den Nachlaß ihres Vetters als dessen gesetzliche Erben. Karl Müller, dem das Testament am 5. August d. J. verkündet wurde, erbat sich — offenbar deshalb, weil die Erbschaft stark mit Vermächtnissen belastet ist und es ihm zweifelhaft sein mochte, ob es sich bei der Geringfügigkeit dessen, was ihm als freie Erbschaft bleiben würde, einen Rechtsstreit mit den Verwandten des Erblassers zu führen verlohne — eine Überlegungsfrist von drei Monaten. Diese wurde ihm durch Bescheid des Verlassenschaftsgerichts vom nemlichen Tage bewilligt; er starb aber vor Ablauf der Frist, ohne sich über Antritt oder Ausschlagung der Erbschaft erklärt zu haben. Statt seiner erklärte am 23. September Ludwig Winter namens seines Mündels zu Protokoll des Amtsgerichts Grünthal den Antritt der Erbschaft des Konrad Altmann unter dem Vorbehalte der Rechtswohlthat des Inventars. Bei dieser Gelegenheit wurde ihm mitgeteilt, daß am 20. September die nemliche Erklärung von Georg Reindl abgegeben worden sei. Der im wesentlichen aus Wertpapieren bestehende Nachlaß des Konrad Altmann befindet sich in Verwahrung des Amtsgerichts Grünthal.

Was nun die aus diesen Thatsachen sich ergebenden rechtlichen Folgen betrifft, so kann es nach meiner Anschauung nicht zweifelhaft sein, daß dem durch nachfolgende Ehe legitimierten Sohne Friedrich Müllers ein jeden Anspruch des Beklagten ausschließendes Recht auf den Nachlaß seines Vaters und seines Oheims und zwar einschließlich desjenigen des Konrad Altmann zusteht.

Um die Frage, ob der Anspruch auf den Nachlaß des letzteren etwa im Hinblicke auf die Bestimmung unter Ziffer 4 des Erbvertrags einer anderen rechtlichen Beurteilung zu unterliegen habe als der Anspruch auf das von den Brüdern Müller hinterlassene sonstige Vermögen, vorweg zu erledigen, verweise ich nur auf den bekannten Rechtssatz, daß ein Vertrag über die noch nicht angefallene Erbschaft eines Dritten nichtig ist. Hieraus ergibt sich die Ungiltigkeit der Bestimmung unter Ziffer 4 des Erbvertrages und die weitere Folge, daß der Nachlaß des Konrad Altmann lediglich als ein Zuwachs des von den Brüdern Müller hinterlassenen sonstigen Vermögens zu behandeln ist und der nemlichen Erbfolge unterliegt wie das letztere.

Für die Entscheidung über die Erbfolge in dieses aber kann nicht in Betracht kommen das von Karl Müller am 10. Juli 1890 errichtete Testament. Wie der Umstand, daß sein Bruder nach der Errichtung des Erbvertrages geheiratet hat, den Karl Müller dazu hätte berechtigen können, sich nicht mehr an den Erbvertrag gebunden zu erachten, ist schlechterdings nicht einzusehen, da er sich für den Fall der Verehelichung seines Bruders den Rücktritt von dem Vertrage nicht vorbehalten hatte. Es handelt sich also — abgesehen von dem etwaigen Eintritte der gesetzlichen Erbfolge — lediglich um den Erbvertrag vom 15. März 1887.

Hier scheint nun auf den ersten Blick die Bestimmung unter Ziffer 5 dem Erbanspruche des Otto Müller entgegenzustehen. In Wirklichkeit ist letzteres aber nicht der Fall. Aus dieser Bestimmung konnte für den Beklagten, weil er bei dem Vertrage nicht mitgewirkt hat, ein verfolgbarer Anspruch erst dadurch entstehen, daß er durch Annahme der ihm zugedachten Zuwendung dem Vertrage nachträglich beitrat. Solang dies nicht geschah, unterlag die Bestimmung nicht nur der willkürlichen Abänderung oder Aufhebung durch die Vertragschließenden, sondern auch der Einwirkung aller der äußeren Umstände, durch deren Eintritt eine letztwillige Verfügung ungiltig werden kann. Zwar hat der Beklagte „auf grund des Erbvertrages" die ihm vermeintlich angefallene Erbschaft angetreten, und ich will nicht in Abrede stellen, daß diese Handlung die Bedeutung des Beitritts zu dem Vertrage hatte. Allein zu der Zeit, als dies geschah, war die Lage eine wesentlich andere als zu der Zeit des Abschlusses des Vertrags. In der Zwischenzeit war dem Friedrich Müller durch die Legitimation seines Sohnes in dessen Person ein Noterbe entstanden, ein Umstand, der bekanntlich die Ungiltigkeit einer von dem Erblasser vorher errichteten, den Noterben übergehenden letztwilligen Verfügung bewirkt. Eine Übergehung dieses Noterben findet sich zwar formell auch schon in Ziffer 1 des Vertrags. Allein diese ist unschädlich geworden dadurch, daß nicht Friedrich, sondern Karl Müller zuerst starb. Dagegen liegt eine wirkliche Entziehung des dem Noterben gebührenden Teils der Erbschaft in der Bestimmung unter Ziffer 5. Diese Bestimmung also — und zwar, da sie von der unter Ziffer 1 getroffenen wie von dem übrigen Inhalte des Vertrags überhaupt vollkommen unabhängig ist, sie allein — ist dadurch ungiltig geworden, daß der in ihr übergangene Sohn des Friedrich Müller nachträglich die Eigenschaft eines Noterben desselben erlangte. Dem steht nicht entgegen, daß Otto Müller durch die letztwillige Verfügung seines Vaters vom 20. März 1887 mit einem Vermächtnisse von 10000 ℳ bedacht worden ist, zu dessen Entrichtung sich der Beklagte bereit erklärt hat, denn dieser Betrag erschöpft weitaus nicht den Pflichtteil des Otto Müller.

Infolge der Ungiltigkeit der Bestimmung in Ziffer 5 des Erbvertrags tritt die gesetzliche Erbfolge in den Nachlaß der Brüder Karl und Friedrich Müller ein. Daß zu dieser der Mündel des Klägers berufen ist, steht außer Frage, da außer ihm ein Blutsverwandter der Erblasser nicht vorhanden ist.

Es erübrigt noch, von der Bestimmung unter Ziffer 3 des Erbvertrages zu sprechen. Diese Bestimmung betrifft, da Karl Müller der zuerst Verstorbene ist, nur dessen Nachlaß, sie hat mithin auch nur die rechtliche Bedeutung eines von ihm ausgesetzten Vermächtnisses. Ihr Rechtsbestand ist daher davon abhängig, daß Karl Müller den darin ausgedrückten Willen bis zu seinem Tode nicht geändert hat. Es liegen indes zwei Thatsachen vor, denen die Bedeutung einer Änderung dieses Willens, einer Zurücknahme der Verfügung zukommt: erstens die Thatsache, daß Karl Müller den mit notarieller Bestätigung versehenen Verschluß seines Vertragsexemplars zerstört hat, was der Vernichtung dieser notariellen Urkunde selbst gleichkommt und, namentlich im Zusammenhalte mit der Eingangsbemerkung seines Testaments vom 10. Juli 1890, seinen Willen, das in dem Verschlusse verwahrt Gewesene nicht mehr gelten zu lassen, unzweideutig zu erkennen gibt, ferner die Thatsache der Errichtung dieses Testamentes selbst. Die erstbezeichnete Handlung konnte selbstverständlich der Giltigkeit der in Ziffer 1 enthaltenen wechselseitigen Zuwendung keinen Eintrag thun, wohl dagegen jenes von dem Bedachten noch nicht angenommene, also einseitige Vermächtnis aufheben. Die Errichtung des Testaments ferner bewirkte trotz des Umstandes, daß es selbst ungiltig ist, die Aufhebung der Vermächtnisaussetzung, weil das Gesetz der späteren Errichtung einer letztwilligen Verfügung ohne Rücksicht darauf, ob diese selbst giltig ist oder nicht, die Wirkung beilegt, die frühere aufzuheben.

Ich wiederhole hienach den verlesenen Klageantrag."

Der Vorsitzende erteilte hierauf das Wort dem Rechtsanwalte Heumann. Dieser trug folgendes vor:

„Die Klage ist unzulässig. Feststellungsklage zu erheben ist nur dann statthaft, wenn auf Erfüllung des Anspruchs selbst nicht geklagt werden kann. Nichts hinderte den Kläger, auf Herausgabe der von ihm beanspruchten Erbschaft zu klagen, sei es gegen den Rechtsanwalt Ernst als thatsächlichen Inhaber des Nachlasses, sei es, da dieser ebensowohl wie im Namen des Klägers auch in dem des Beklagten besitzt, gegen den letzteren selbst. Angenommen, die Klage sei zulässig, so ist sie bei dem unzuständigen Gerichte erhoben, denn der besondere Gerichtsstand der Erbschaft ist so wenig wie einer der übrigen besonderen Gerichtsstände zugelassen für bloße Feststellungsklagen. Diese sind in dem allgemeinen Gerichtsstande des Beklagten zu erheben. Georg Reindl hat ihn bei dem Landgerichte Neustadt, in dessen Bezirk sein Wohnort liegt. Auf keinen Fall wäre der Gerichtsstand der Erbschaft bei dem angegangenen Gerichte begründet hinsichtlich des Nachlasses des Konrad Altmann, denn auch Grünthal, wo letzterer bis zu seinem Tode wohnte, liegt im Bezirke des Landgerichts Neustadt.

Die Klage ist aber auch unbegründet.

Der Kläger betrachtet das Testament Karl Müllers

vom 10. Juli 1890 als ungiltig. Dieser Anschauung muß ich entgegentreten. Friedrich Müller hat sich — und zwar, wie ich zugebe, ohne daß sein Bruder Widerspruch erhob — den Widerruf des Erbvertrags vorbehalten. Bei einem gegenseitigen Vertrage kann aber durch einseitige Vorbehalte des einen Vertragschließenden die Lage des anderen nicht ungünstiger gemacht werden als die des ersteren. Das widerspräche der Natur eines gegenseitigen Vertrags, es würde ihn zu einem einseitigen machen, der nur dem einen Rechte gibt, dem andern blos Verpflichtungen auferlegt. Aus dem Vorbehalte des einen, vom Vertrage zurückzutreten, erwächst deshalb das gleiche Recht mit Notwendigkeit auch für den andern. Ich will nun keineswegs behaupten, daß der Rücktritt des einen Vertragschließenden die Aufhebung des ganzen Inhalts des Vertrags bewirkt. Die Wirkung beschränkt sich auf diejenigen Bestimmungen, die, wenn nicht die Vertragsform gewählt worden wäre, mit rechtlicher Wirkung auch durch einseitige Verfügung hätten getroffen werden können. Der Rücktrittsvorbehalt bei einem Erbvertrage macht diesen für die Erblasser zum Testamente. Testamente sind frei widerruflich, Karl Müller war sohin nicht gehindert, die Bestimmungen des Erbvertrages, soweit sie sein eigenes Vermögen betreffen, durch ein neues Testament zu ersetzen. Nicht berechtigt war er selbstverständlich, in die über die schließliche Erbfolge in die Gesamtheit des beiderseitigen Nachlasses getroffene Bestimmung einzugreifen. Von seinem Testamente unberührt blieb sohin die Bestimmung unter Ziffer 5 des Erbvertrags. Mit den Bestimmungen unter Ziffer 3 und 4 steht das Testament ohnehin nicht in Widerspruch, sie haben nur keine selbständige sachliche Bedeutung mehr neben demselben. Höchstens ist die Bestimmung unter Ziffer 4 insofern noch von Belang, als durch sie die Berechtigung des Beklagten, statt des Karl Müller die diesem angefallene Erbschaft des Konrad Altmann anzutreten, außer Zweifel gestellt ist für den Fall, daß sie ihm nicht schon kraft seiner Eigenschaft als Testamentserbe des Karl Müller zuzuerkennen wäre.

Hiemit wäre nach meiner Anschauung die rechtliche Beleuchtung des Falls erschöpft. Die Rechtsausführungen des Gegners nötigen mich indessen noch zu folgenden kurzen Bemerkungen:

Der vom Kläger gegen die Giltigkeit der Bestimmung unter Ziffer 4 des Erbvertrags angerufene Rechtssatz besteht in dieser Allgemeinheit nicht; er gilt nur für den sogenannten Erbschaftskauf, um den es sich hier nicht handelt.

Der Sohn Friedrich Müllers war zur Zeit des Abschlusses des Erbvertrags schon geboren. Daß er erst nach dem Abschlusse des letzteren durch die Eheschließung seiner Eltern legitimiert wurde, ist ohne Belang, weil die Wirkung der Eheschließung für seinen Personenstand zurückzubeziehen ist auf den Tag seiner Geburt. Nur durch die Geburt eines postumus wird das diesen übergehende Testament des Vaters ungiltig. Übrigens ist Otto Müller durch die letztwilligen Verfügungen seines Vaters keineswegs verkürzt. Den Pflichtteilsanspruch hat er nur gegen seinen Vater, der Betrag desselben berechnet sich daher auch nur nach dessen Vermögen. Als nach der Verehelichung des Friedrich Müller die Teilung des gemeinschaftlichen Vermögens vorbereitet wurde, ergab sich, daß dasselbe nach Abzug der gemeinschaftlichen Schulden nicht mehr als 60000 Mark betrug. Dasselbe hat sich seitdem nicht vermehrt. Der auf Friedrich Müller treffende Anteil beläuft sich sohin auf höchstens 30000 Mark. Der Pflichtteil des Otto Müller besteht in dem dritten Teile des väterlichen Nachlasses, und hierauf muß er sich den Betrag des ihm ausgesetzten Vermächtnisses anrechnen lassen. Er hat sohin mehr als das letztere nicht zu beanspruchen. Durch die vom Beklagten schon zu Protokoll des Amtsgerichts vom 15. September d. J. erklärte Anerkennung dieses Vermächtnisses ist das zwischen dem Kläger und dem Beklagten hinsichtlich des Nachlasses der Brüder Müller bestehende Rechtsverhältnis erschöpfend festgestellt; einer nochmaligen Feststellung durch Urteil bedarf es nicht. Für den Fall, daß das Gericht aus formalen Gründen sich veranlaßt finden sollte, sie gleichwohl auszusprechen, lege ich übrigens Verwahrung dagegen ein, daß dem Beklagten irgend ein Teil der Kosten des Rechtsstreits auferlegt werde.

Der den Gegenstand des Rechtsstreits bildende Erbschaftsanspruch steht, wie ich nachgewiesen habe, ausschließlich dem Beklagten zu. Daran, daß dies festgestellt werde, hat derselbe nach Lage der Sache ein rechtliches Interesse. Zum Zwecke der Herbeiführung dieser Feststellung ergänze ich den in der Klagebeantwortungsschrift gestellten Antrag durch den Zusatz:

„„Das Gericht wolle zugleich feststellen, daß das ausschließliche Erbrecht an dem Nachlasse der Brüder Karl und Friedrich Müller und an dem Nachlasse des Konrad Altmann dem Beklagten zustehe.““

Schriftliche Fertigung dieses Zusatzes übergab Rechtsanwalt Heumann dem Vorsitzenden.

Zur Entgegnung erhielt hierauf das Wort der Rechtsanwalt Dr. Korn. Dieser äußerte sich folgendermaßen:

„Auf Herausgabe der Erbschaft zu klagen, war deshalb nicht veranlaßt, weil darüber, was Bestandteil der Erbschaft ist, unter den Beteiligten eine Meinungsverschiedenheit nicht besteht. Überdies war, da nach dem Ergebnisse der amtsgerichtlichen Verhandlung vom 15. September d. J. keine der Parteien in den vorläufigen Besitz der Erbschaft eingewiesen wurde, niemand vorhanden, gegen den die Erbschaftsklage hätte erhoben werden können. Nachdem übrigens nunmehr der Beklagte die Rolle des Beklagten auch für die Erbschaftsklage übernehmen zu wollen scheint, stehe ich nicht an für den Fall, daß das Gericht die Feststellungsklage für unstatthaft erachten sollte, den Klageantrag dahin zu erweitern:

„„Das Gericht wolle den Beklagten schuldig erkennen, den Nachlaß der Brüder Karl und Friedrich Müller an den Kläger herauszugeben.““

Rechtsanwalt Dr. Korn übergab schriftliche Fertigung dieses Antrags dem Vorsitzenden und fuhr fort:

„Hiedurch erledigt sich zugleich der — übrigens auch dem ursprünglichen Klageantrage gegenüber unstichhaltige — Einwand der Unzuständigkeit des angegangenen Gerichts. Daß das letztere auch zuständig ist, über das Erbrecht am Nachlasse des Konrad Altmann zu erkennen, folgt daraus, daß dieser Nachlaß, wie ich schon betont habe, hier nur als Zuwachs des Vermögens der Brüder Müller in Frage steht.

Den übrigen, nach meiner Auffassung ganz verfehlten Rechtsausführungen des Beklagten gegenüber halte ich die meinigen aufrecht. Zur Ergänzung derselben bemerke ich noch folgendes:

Die dem Karl Müller angefallene, von ihm aber nicht mehr angetretene Erbschaft des Konrad Altmann statt des ersteren anzutreten, wäre der Beklagte selbst dann nicht berechtigt gewesen, wenn die Bestimmung unter Ziffer 4 des Erbvertrages giltig wäre. Das Recht, eine dem Erblasser angefallene Erbschaft an dessen Stelle zu erwerben, hat nur dessen gesetzlicher Erbe, nicht ein etwaiger Vertragserbe.

Mit dem bloßen Pflichtteile braucht sich Otto Müller nicht zu begnügen, da, wie ich schon dargethan habe, infolge der Ungiltigkeit der Bestimmung in Ziffer 5 des Erbvertrages die gesetzliche Erbfolge eintritt. Die ihm ausgesetzten 10000 Mark würden seinen Pflichtteil nicht einmal erschöpfen, dieser würde vielmehr in einem Dritteile des Gesamtvermögens der beiden Brüder mit Einschluß des Altmannschen Nachlasses bestehen und sich, da der letztere nach Abzug der aus ihm zu entrichtenden Vermächtnisse mindestens 3000 Mark beträgt, auf 21000 Mark berechnen. Für den Fall übrigens, daß sich wider Erwarten das Gericht der Auffassung des Beklagten anschließen sollte, ergänze ich den vorhin erweiterten Klageantrag durch den Zusatz:

„„oder den Beklagten wenigstens verurteilen, dem Kläger unter Einrechnung des Vermächtnisses von 10000 Mark den Geldwert eines Drittels des Nachlasses zu bezahlen.““

Rechtsanwalt Dr. Korn fügte diesen Zusatz dem dem Vorsitzenden früher übergebenen Antrage bei.

Vom Vorsitzenden zur Abgabe einer etwa beabsichtigten Schlußäußerung aufgefordert, erklärte Rechtsanwalt Heumann:

„Die vom Kläger vorgenommene Erweiterung des Klageantrags ist eine unstatthafte Klageänderung. In allem übrigen beziehe ich mich lediglich auf meine früheren, vom Kläger nicht widerlegten Ausführungen."

Auf Frage des Vorsitzenden erklärten schließlich beide Rechtsanwälte, daß sie ihren Ausführungen weder in thatsächlicher noch in rechtlicher Beziehung etwas beifügen könnten oder wollten.

Der Vorsitzende erklärte hierauf die Verhandlung für geschlossen und beraumte Termin zur Verkündung der Entscheidung auf den 6. Dezember nachmittags fünf Uhr an. Das Sitzungsprotokoll wurde den Anwälten zur Durchsicht vorgelegt und von ihnen genehmigt.

Probeaufgabe
aus dem Staatsrechte des deutschen Reiches.
1890.

I.

Verschiedene Verträge des deutschen Reiches enthalten Bestimmungen, welche die Eisenbahnverwaltungen verpflichten. Welches ist in solchen Fällen die rechtliche Wirkung der betreffenden Bestimmungen gegenüber Bayern, im Hinblicke auf dessen verfassungsmäßiges Reservatrecht in Eisenbahnsachen?

II.

Nach dem Tode des Standesbeamten Huber zeigte sich, als von dessen Nachfolger am Schlusse des Jahres die Hauptregister abgeschlossen wurden, daß Huber unterlassen hatte, zwei Einträge — über die Geburt eines Kindes und über eine Eheschließung — mit seiner Unterschrift zu versehen. Inzwischen war auch der Vater, welcher die Geburtsanzeige erstattet hatte, gestorben.

1. Welches sind die rechtlichen Folgen der bezeichneten Unterlassung?
2. Wie ist dem Mangel abzuhelfen?
3. Hat die Abhilfe von Amtswegen zu geschehen, und bedarf es hiebei der Mitwirkung der Aufsichtsbehörde oder des Gerichts?

Probeaufgabe
aus dem Bayerischen Staatsrechte.
1890.

I.

Es ist unter Angabe der bezüglichen Gesetzesstellen nachzuweisen, inwiefern das aktive und passive Wahlrecht der Offiziere bei den Reichstags- und Landtagswahlen, dann bei den Wahlen zum Landrath und Distriktsrath und bei Gemeindewahlen beschränkt ist, je nachdem dieselben zum aktiven Heere oder zum Beurlaubtenstande gehören, außer Dienst oder zur Disposition gestellt sind.

II.

Ein Münchener Bürger erhielt auf Ansuchen für sich und seine Familie die Entlassung aus dem bayerischen Staatsverbande. Die Entlassungsurkunde, in welcher übrigens seine Familien-Angehörigen — außer seiner Ehefrau ein Mädchen von 2 und ein Knabe von 8 Jahren — namentlich nicht aufgeführt waren, wurde ihm am 1. August 1875 zugestellt. Er konnte jedoch sein Auswanderungsvorhaben nicht ausführen, da er bald darauf in München starb. Seine Wittwe begab sich sodann mit dem Mädchen noch vor Ablauf des Jahres nach Salzburg und betrieb hier mit Hilfe von Verwandten einen Kleinhandel. Der Knabe blieb zu München in einer Erziehungsanstalt für Studierende zurück, verbrachte aber regelmäßig die Ferien bei seiner Mutter in Salzburg, erstmals zu Ostern 1876.

Allmählig verarmte die Wittwe in Salzburg und zog

nun 1888 wieder mit ihren Kindern nach München, wo sie sofort um Armenunterstützung nachsuchte.

Das Gesuch wurde aber vom Armenpflegschaftsrate mit der Begründung abgewiesen, daß die Familie infolge der Entlassung aus der Staatsangehörigkeit auch die Heimat in München verloren habe.

Nun erhob die Witwe den Anspruch auf Anerkennung der Heimat in München für sich und ihre Kinder und machte hiefür geltend, daß die ihrem Manne erteilte Entlassung infolge seines vorzeitigen Todes für ihn unwirksam geworden sei und deßhalb auch für sie und ihre Kinder keine Wirkung habe äußern können. Jedenfalls habe ihr Knabe die Staatsangehörigkeit und Heimat nicht verloren, da er außer zu vorübergehendem Ferien-Aufenthalt München niemals verlassen habe.

Gleichzeitig suchte die Witwe eventuell, falls angenommen werden sollte, daß sie durch mehr als 10jährigen Aufenthalt in Salzburg die bayerische Staatsangehörigkeit verloren habe und dieser Verlust sich auch auf ihre Kinder erstrecke, um Wiederaufnahme nach, die ihr gemäß § 21 Abs. 5 des Reichsgesetzes vom 1. Juni 1870 nicht verweigert werden könne, da sie sich mit ihren Kindern nun wieder in München niedergelassen habe.

Die Gemeinde, zur Äußerung über diesen eventuellen Anspruch aufgefordert, widersprach demselben in Rücksicht auf das bereits vorliegende Unterstützungsgesuch.

Wie sind die erhobenen Ansprüche auf Anerkennung der Heimat und eventuell auf Wiederverleihung der Staatsangehörigkeit unter Erörterung der hiefür maßgebenden Gesichtspunkte zu verbescheiden und welche Behörden sind zur Entscheidung in den verschiedenen Instanzen zuständig?

Probeaufgabe
aus dem katholischen Kirchenrechte.
1890.

I. Es ist in gedrängter Kürze eine Darstellung der wesentlichen kirchenrechtlichen Normen über Erwerb und Verlust der katholischen niedern Kirchenpfründen (Pfarreien und andere Benefizien) zu geben.

II. Es sind motivierte Entscheidungen über nachstehende praktische Fälle zu treffen:

1. Bei dem Benefizium in Rötzing wechselt das Landesherrliche Besetzungsrecht mit dem Präsentationsrechte des Magistrates Rötzing. Priester Lentulus hatte das Benefizium im Jahre 1887 durch Landesherrliche Verleihung erhalten, wurde aber kürzlich von seinem vorgesetzten Ordinariate A auf die Expositur Haidekrug versetzt und trat dieselbe sofort an.

   Bei den Verhandlungen über die Wiederbesetzung des Benefiziums in Rötzing stellte sich heraus, daß Lentulus, welcher eigentlich der Diöcese B angehört, auf das Benefizium nicht die kanonische Einsetzung erlangt hatte, weil ihm die Beibringung der Entlassung aus der Diöcese B nicht möglich gewesen war, sondern daß er im Jahre 1887 nur die oberhirtliche Admission zur Verwaltung des Benefiziums erhalten hatte und auch von der weltlichen Behörde nur gleich einem Verweser in das Benefizium eingewiesen worden war.

   Ist durch den einfachen Weggang des Priesters Lentulus das Benefizium in Rötzing erledigt, eventuell wer hat dasselbe diesmal zu besetzen?

2. Pfarrer Publius in Obernheim wird von seinem Diöcesanbischof wegen Ungehorsams gegen die oberhirtliche Stelle und Dissidien mit seiner Pfarrgemeinde wiederholt vermahnt, da aber diese Ermahnungen erfolglos bleiben, beauftragt, binnen 6 Monaten sein

Abkommen auf eine andere Pfründe zu suchen, da er sonst zur Strafe versetzt werden würde. Publius bewirbt sich auch um mehrere Pfarreien, welche ungefähr das gleiche Einkommen wie die Pfarrei Obernheim gewähren, kann jedoch wegen seiner nicht guten Qualifikation eine solche Pfarrei innerhalb 6 Monaten nicht bekommen.

Hierauf versetzt ihn der Bischof auf die kleine und entlegene Pfarrei Höhendorf, welche nur ein Reinerträgnis von 1800 ℳ gewährt. Nun erhebt Priester Publius Beschwerde bei dem Metropolitikum und führt an: Das Vorgehen des Bischofs sei kirchenrechtlich unzulässig, da ein Pfarrer nicht ohne vorgängigen kanonischen Prozeß nach den vorgeschriebenen Formen, also nicht ohne ausdrückliche amotion oder privation von seiner Pfründe enthoben werden könne. Da seine Pfarrei Obernheim, abgesehen von sonstiger größerer Annehmlichkeit, gegen 2700 ℳ jährlich Reinertrag gewähre, sei er durch die Versetzung nach Höhendorf auch finanziell schwer geschädigt. Er bitte daher, die bischöfliche Sentenz wolle als nichtig aufgehoben und der Bischof angehalten werden, ihn entweder auf der Pfarrei Obernheim zu belassen, oder ihm eine vollkommen äquivalente Pfründe zu verschaffen.

Wie hat das Metropolitangericht zu entscheiden?

3. Der 70jährige und kränkliche Pfarrer Ausonius in Dornach will auf seine Pfarrei resignieren unter der Bedingung, daß
   1. aus der Emeritenanstalt der Diöcese ihm die normale Emeritenpension bewilligt;
   2. aus dem Pfründeeinkommen der Pfarrei Dornach, welches einen Reinertrag von jährlich 2300 ℳ abwirft, ihm ein Absent von jährlich 600 ℳ zugesprochen;
   3. sein bisheriger Kaplan, der ihm seit 9 Jahren zur Seite steht, auf die dem Landesherrlichen

Besetzungsrechte unterstehende Pfarrei Dornach ernannt wird.

Ausonius richtet an die Kreisregierung und an den Diöcesanbischof gleichlautende Vorstellungen, in welchen er unter den angeführten Bedingungen ausdrücklich seine Resignation erklärt.

Welchen Bescheid wird Ausonius von der kirchlichen und weltlichen Stelle erhalten?

Probeaufgabe
aus dem protestantischen Kirchenrechte.
1890.
I.

In dem Hause des protestantischen Glasers B zu P fanden seit längerer Zeit an Sonntag-Nachmittagen Zusammenkünfte von 10, 20 und mehr Protestanten von P statt, bei welchen unter Leitung des B Predigten, Missionsblätter und andere religiöse Schriften gelesen, besprochen und erklärt und geistliche Lieder gemeinsam gesungen wurden. Der auf erfolgte Anzeige vernommene Glaser B erklärte, der Zweck dieser Versammlungen sei lediglich, sich gegenseitig durch die Bibel und andere christliche Bücher zu erbauen und das gemeinsame religiöse Bedürfnis zu befriedigen.

Hierauf erließ das Bezirksamt folgenden Beschluß:

In der Erwägung,

daß nach dem Zugeständnisse des B von P feststeht, daß in dessen Behausung heimliche Zusammenkünfte zur Abhaltung häuslichen Gottesdienstes stattfinden,

daß die Abhaltung gemäß § 4 der II. Verfassungsbeilage verboten, resp. hiezu die Allerhöchste Genehmigung erforderlich ist, diese aber nicht vorliegt,

wird die Abhaltung dieser Zusammenkünfte ausdrücklich untersagt und im Falle etwaiger Zuwiderhandlung B gemäß Art. 21 des Polizeistrafgesetzbuches in eine Ungehorsamsstrafe von 10 ℳ verfällt und die polizeiliche Schließung des Lokals, in welchem die Zusammenkünfte stattfinden, angeordnet werden.

B beruhigte sich bei diesem Beschlusse, schritt jedoch nach einer von allen beteiligten Protestanten unterzeichneten und von ihm sammt den Statuten persönlich beim Bezirksamt überreichten Anzeige zur Gründung eines Vereins, dessen Zweck auf gemeinschaftliches Lesen der Bibel und sonstiger christlicher Erbauungsschriften, ferner auf gemeinschaftliches Absingen geistlicher Lieder gerichtet sein sollte. Die regelmäßigen Zusammenkünfte sollten nach den Statuten wie früher in der Wohnung des B jeden Sonntag Nachmittag von 4 Uhr an stattfinden.

Hierauf erließ das Bezirksamt Beschluß dahin, daß die in der Behausung des B stattfindenden Zusammenkünfte zu Religionsübungen wiederholt und insbesondere auch mit Rücksicht auf die Eingabe des B und Genossen, nach welcher durch förmliche Vereinsbildung die fernere Abhaltung von religiösen Versammlungen in der fraglichen Behausung angestrebt wird, verboten werden. Zur Begründung wird ausgeführt, daß auf Vereinigungen, welche einen ausschließlich auf Religionsübungen gerichteten Zweck verfolgen, nicht die Bestimmungen des Gesetzes über Versammlungen und Vereine vom 26. Februar 1850, vielmehr § 1 ff. des Religionsedikts vom 26. Mai 1818 zur Anwendung zu kommen haben.

Gemäß § 2 und 3 des letzteren sei zur Abhaltung derartiger regelmäßiger, gemeinschaftlicher Separatgottesdienste in einer Privatwohnung die Allerhöchste Genehmigung erforderlich. Nachdem eine solche nicht vorliege, könnten die fraglichen Zusammenkünfte von Aufsichtswegen nicht geduldet werden.

Hiegegen ergriffen der Glaser B und Genossen Beschwerde zur K. Regierung, Kammer des Innern. In derselben wird zunächst geltend gemacht, daß bei den fraglichen Zusammenkünften von einem förmlichen Separatgottesdienst gar keine Rede sein könne, es handle sich vielmehr nur um gesellige Zusammenkünfte, welche den Charakter freundschaftlicher Besuche haben und wobei den Gegenstand der Unterhaltung vorzugsweise kirchliche Dinge und geistliche Lieder bildeten, Zusammenkünfte ähnlich den Lesekränzchen und Musikabenden. So wenig letztere verboten seien, so wenig könne dies bei Zusammenkünften der Fall sein, in welchen der Gegenstand der Unterhaltung das religiöse Gebiet betreffe. Wenn man aber auch diese Zusammenkünfte als Religionsübungen auffasse, so schlage jedenfalls hier nicht der § 3 der II. Verfassungsbeilage ein, weil dieser sich lediglich auf solche Familien beziehe, welche zu den öffentlich aufgenommenen Gesellschaften nicht gehören. Zusammenkünfte, wie sie bei B stattfänden, seien weder durch die Bestimmungen der Verfassungsurkunde, noch durch sonstige Gesetze verboten, so lange sie nicht heimlich und unter dem bloßen Vorwande des häuslichen Gottesdienstes abgehalten würden. Es ergebe sich dies auch aus § 33 und 34 der II. Verfassungsbeilage. Wenn nämlich hienach den Allerhöchst genehmigten Privatkirchengesellschaften die freie Ausübung ihres Privatgottesdienstes in den Privatwohnungen der Mitglieder dieser Gesellschaften gestattet sei, so müsse das gleiche Recht zur Abhaltung von Privatgottesdiensten noch viel mehr den Angehörigen der durch die Verfassung selbst bevorzugten öffentlichen Kirchengesellschaften zustehen. Deshalb wird gebeten, den bezirksamtlichen Beschluß außer Wirksamkeit zu setzen.

Aufgabe: Es ist die Entschließung der K. Regierung, Kammer des Innern, zu entwerfen. (Sachverhalt ist erlassen).

II.

Der Bader N in Z, katholischer Konfession, welcher in selbstmörderischer Absicht eine Schnittwunde am Halse sich beigebracht hatte und nach Ansicht des herbeigerufenen Arztes in höchster Todesgefahr schwebte, ließ sich in dieser Lage durch einen Freund dringend vom protestantischen Pfarramte Z seelsorglichen Beistand mit dem Bemerken erbitten, daß er vor seinem nahen Lebensende zur protestantischen Kirche übertreten wolle.

Da der protestantische Pfarrer zu Z an dem fraglichen Tage selbst schwer erkrankt war, bat er den zu Besuch anwesenden protestantischen Pfarrer von Y, er möge in seinem Namen und Auftrage die Erklärungen des Baders N entgegennehmen und je nach der Sachlage seine weiteren Schritte bemessen. Der Pfarrer von Y traf den N anscheinend in den letzten Zügen liegend, jedoch bei vollem Bewußtsein. N wiederholte aufs bestimmteste seinen Wunsch, zur protestantischen Kirche überzutreten, erklärte, daß er, da seine Frau der protestantischen Konfession angehöre, die Unterscheidungslehren der katholischen und protestantischen Kirche kenne und hierin dem Lehrbegriffe der letzteren aus Überzeugung beitrete.

Nachdem derselbe diese Erklärung vor zwei im Zimmer anwesenden Nachbarn protestantischer Konfession, die zu Zeugen aufgerufen worden waren, wiederholt hatte, versicherte der Geistliche feierlich, den Übertritt des N zur protestantischen Kirche anzunehmen, und spendete demselben nach vorausgegangener Beichte das hl. Abendmahl. Tags darauf erschien der Pfarrer von Y wieder bei N, nahm über den vollzogenen Konfessionswechsel ein Protokoll auf, welches er von N und den beiden Nachbarn, die als Zeugen fungiert hatten, unterschreiben ließ und welches unmittelbar darauf durch das protestantische Pfarramt Z in beglaubigter Abschrift an das katholische Pfarramt A, wohin die in Z wohnenden Katholiken eingepfarrt sind, übermittelt wurde. Außerdem ließ der protestantische Pfarrer von Z den N auffordern, seinen Austritt aus der katholischen Kirche bei dem katholischen Pfarramt A einstweilen schriftlich und nach seiner Wiedergenesung mündlich zu erklären. N, welcher nach 3 Wochen wieder vollständig genesen war, gab aber eine derartige Erklärung nicht ab, obwohl er hiezu auch wiederholt vom katholischen Pfarramt A aufgefordert war. Hiedurch sah sich letzteres veranlaßt, durch Vermittlung des bischöflichen Ordinariats bei der K. Regierung, Kammer des Innern, wegen der voreilig vollzogenen Aufnahme des Baders N in die protestantische Kirche Beschwerde zu führen, weil

1. der protestantische Pfarrer von Y den N, ehe derselbe seinen Übertritt vor dem zuständigen protestantischen Pfarrvorstande von Z persönlich erklärt hatte, durch Spendung des hl. Abendmahls nach protestantischem Ritus in die protestantische Kirche förmlich aufgenommen und dem katholischen Pfarrer dadurch den seelsorglichen Verkehr mit N vollständig abgeschnitten habe,
2. dem katholischen Pfarramt A durch den Pfarrer von Z oder Y nicht ungesäumt Nachricht von dem Begehren des N nach einem Wechsel seiner Konfession gegeben wurde,
3. zur Übertrittserklärung nicht Zeugen katholischer Konfession zugezogen worden seien, obwohl in Z gegen 50 Katholiken, darunter in nächster Nähe des N wohnen,
4. das Protokoll über den erfolgten Übertritt nicht sofort, sondern erst am nächsten Tage errichtet worden sei.

Hienach stellt das katholische Pfarramt A an die K. Regierung, Kammer des Innern, die Bitte, es wolle den beteiligten protestantischen Geistlichen wegen ihres Verhaltens bei der fraglichen Konversion die Mißbilligung ausgesprochen werden.

Das bischöfliche Ordinariat schloß sich der Beschwerde und Bitte des Pfarramts A an, während das hierüber einvernommene protestantische Konsistorium sich dahin aussprach, die beteiligten protestantischen Geistlichen hätten unter den gegebenen Umständen gethan, was sie thun konnten, und das von ihnen eingehaltene Verfahren entspreche nach der Sachlage im wesentlichen den Grundsätzen, welche bei dem Übertritte todeskranker Personen von einer Kirche zur andern zur Anwendung kommen sollen.

Noch ehe diese Beschwerde beschieden war, ergab sich in der protestantischen Kirchengemeinde Z die Notwendigkeit der Erhebung von Kirchenumlagen. N weigerte sich, solche zu zahlen, weil ihm von der katholischen Kirchenverwaltung A mitgeteilt worden sei, er werde nach wie vor zu den Kirchenumlagen in dieser Pfarrei beigezogen werden.

Aufgabe: Es ist die Frage:

1. ob und inwieweit das Verfahren der protestantischen Geistlichen anläßlich der Konversionserklärung des N nach den gesetzlichen und verordnungsmäßigen Bestimmungen zu beanstanden ist, einer näheren Untersuchung zu unterziehen.
2. Ob N zu den Kirchenumlagen in Z pflichtig ist, zu entscheiden. (Sachverhalt ist erlassen.)

Probeaufgabe
aus der Polizeiwissenschaft.

I.

Was versteht man unter Innungsprivilegien?

Welche Voraussetzungen sind für Verleihung derselben erforderlich?

In welcher Richtung wird eine Erweiterung dieser Privilegien angestrebt?

Welche Gründe sprechen für, welche gegen eine Erweiterung?

II.

Welche Befugnisse haben nach der Reichsgewerbeordnung und den zu derselben ergangenen Vollzugsvorschriften die Handlungsreisenden, und zwar a) die inländischen, b) die ausländischen?

Haben diese Befugnisse zu gewerblichen Mißständen geführt und in welcher Beziehung?

Erscheint eine Abhilfe geboten und eventuell, welche gesetzliche Maßnahmen würden sich in dieser Richtung empfehlen?

Probeaufgabe
aus dem Polizeirechte.
1890.

I.

Am 1. März 1888 ordnete das K. Bezirksamt A ohne förmliche Beschlußfassung die Verbringung der geisteskranken Maria Ambos von Weiler in die Kreisirrenanstalt B an, nachdem eine amtliche Kommission an Ort und Stelle sich überzeugt hatte, daß die Genannte von ihrem Vater, dem Schmiede Konrad Ambos, in bezug auf Verpflegung und ärztlichen Beistand in der lieblosesten Weise verwahrlost worden war, und nachdem der Vater erklärt hatte, daß er gegen eine solche polizeiliche Maßregel keine Einwendung machen könne.

Durch in Rechtskraft erwachsenes Urteil des Schöffengerichtes beim K. Amtsgerichte A vom 1. April 1888 wurde Konrad Ambos wegen Verwahrlosung seiner Tochter zu einer Haftstrafe verurteilt und zugleich ausgesprochen, daß die Polizeibehörde ermächtigt sei, die Maria Ambos auf Kosten ihres Vaters geeignet unterzubringen.

Ein von Konrad Ambos gestellter Antrag auf Entlassung seiner Tochter aus der Irrenanstalt wurde durch bezirksamtlichen Beschluß vom 1. Oktober 1888 dahin beschieden, daß Maria Ambos auf Grund der im Strafurteile vom 1. April 1888 der Polizeibehörde erteilten Befugnis in der Anstalt zu belassen sei.

Am 1. Mai 1889 wurde Maria Ambos, für welche inzwischen eine Pflegschaft bestellt worden war, auf Antrag ihrer in Holzen lebenden Schwester Anna Ambos mit vormundschaftlicher und obervormundschaftlicher Zustimmung probeweise der Privatpflege ihrer genannten Schwester übergeben, nachdem das K. Bezirksamt A auf grund gutachtlicher Äußerung des Direktors der Kreisirrenanstalt B erklärt hatte, daß gegen die Entlassung der Maria Ambos aus der Kreisirrenanstalt und gegen die Übergabe derselben in die Pflege ihrer Schwester vom polizeilichen Standpunkte eine Erinnerung nicht bestehe.

Schon nach vier Wochen sah Anna Ambos sich veranlaßt, beim K. Amtsgerichte A als Vormundschaftsbehörde die abermalige Verbringung ihrer Schwester in die Kreisirrenanstalt zu beantragen. Diesem Antrage wurde vom genannten Gerichte nach Einvernahme des Vormundes auch stattgegeben und Maria Ambos auf grund der bezüglichen amtsgerichtlichen Verfügung vom 15. Juni 1889 in die Kreisirrenanstalt B zurückgebracht.

Inzwischen war der Vater der Marie Ambos verstorben und das elterliche Anwesen auf dessen Sohn Johann Ambos übergegangen, welcher zugleich die Verpflichtung übernommen hatte, die Kosten für die Unterhaltung seiner geisteskranken Schwester insoweit zu bestreiten, als die Renten aus deren eigenem Vermögen von 6000 *M* hiezu nicht ausreichen.

Am 1. Juni 1890 stellte Johann Ambos beim K. Bezirksamte A den Antrag, seine Schwester aus der Irrenanstalt zu entlassen und — wenigstens versuchsweise — ihm zur Pflege zu überlassen. Er begründete diesen Antrag damit, daß er bei der Unzulänglichkeit der Vermögensrenten seiner Schwester einen beträchtlichen Zuschuß zur Bestreitung der Kosten ihrer Verpflegung in der Irrenanstalt zu leisten habe, ferner daß er noch nie bestraft worden sei, gegen seine Person überhaupt nichts Nachteiliges vorliege, und daß es ja überdies der Polizeibehörde freistehe, die Verpflegung der Schwester in seinem Hause einer fortgesetzten Überwachung zu unterstellen.

Der Anstaltsdirektor äußerte sich dahin, daß nach seiner Ansicht Johann Ambos die zur Pflege einer unheilbaren Geisteskranken erforderlichen Eigenschaften kaum besitze, und daß Maria Ambos, da sie dermalen noch einer sachkundigen Leitung besonders bedürfe, für die Privatpflege vorerst überhaupt sich nicht eigne.

Nachdem auch der Vormund und die Obervormundschaftsbehörde, welchen der Antrag vom 1. Juni 1890 vom

K. Bezirksamte A zur Äußerung mitgeteilt worden war, für die Belassung der Maria Ambos in der Irrenanstalt sich ausgesprochen hatten, wurde durch bezirksamtlichen Beschluß vom 15. August 1890 der Antrag des Johann Ambos in der Erwägung abgewiesen, daß Maria Ambos nach sachverständigem Gutachten zur Privatpflege sich nicht eigne, und daß Johann Ambos zwar niemals bestraft worden sei, jedoch eine Bürgschaft für eine entsprechende Verpflegung seiner Schwester keineswegs biete, da er seinerzeit auch die rohe Behandlung und Verwahrlosung derselben durch ihren Vater nicht verhindert habe.

Gegen diesen Beschluß, welcher dem Johann Ambos am 20. August 1890 eröffnet wurde, erhob dieser Beschwerde zur zuständigen Regierung, Kammer des Innern, und brachte die Beschwerde am 6. September 1890 in den Einlauf des k. Bezirksamtes A. Die Beschwerdebitte, zu deren Begründung lediglich auf die Aktenlage Bezug genommen wurde, ging dahin, unter Aufhebung des bezirksamtlichen Beschlusses vom 15. August 1890 dem vom Beschwerdeführer unterm 1. Juni 1890 gestellten Antrage entsprechend Bescheid zu erlassen.

Aufgabe ist, unter entsprechender Begründung darzulegen, wie die Beschwerde zu bescheiden ist.

(Von der Frage über die Gebührenpflicht der Verhandlungen und die Kosten des Verfahrens kann abgesehen werden.)

II.

Unter welchen Voraussetzungen, auf welche Weise und auf welcher rechtlichen Grundlage kann gegen die Anfertigung und den Vertrieb gelddähnlicher Fabrikate (Spielmarken, Medaillen und dgl.) polizeilich eingeschritten werden?

I. Probeaufgabe
aus der Volkswirtschaft.
1890.

I.

Was ist unter einer Zollunion zwischen Deutschland und Österreich-Ungarn zu verstehen?

Erscheint eine solche Union ausführbar und unter welchen Voraussetzungen oder nicht ausführbar und warum?

Welchen Einfluß würde die Zollunion auf das wirtschaftliche Leben und auf die Tarif- und Zollpolitik Deutschlands üben?

II.

Der Ökonom A in N, K. bayer. Bezirksamts P, der nur nebenbei für bekannte Personen mit seinem Ökonomiegespann gegen Bezahlung einzelne Fuhren übernahm, vereinbarte mit dem Ortspfarrer, für denselben das im Pfarrwalde geschlagene Holz gegen eine bestimmte Akkordsumme in den Pfarrhof selbst zu fahren.

Als der Ökonom A bei der letzten Fuhr das versperrte Hofthor öffnen wollte, löste sich ein Thorflügel aus den Angeln, fiel auf den Bauer und verletzte denselben so, daß nach ärztlichem Gutachten eine dauernde Erwerbsbeschränktheit die Folge war.

Der Vorstand der betreffenden land- und forstwirtschaftlichen Berufsgenossenschaft lehnte den von dem Ökonomen A erhobenen Rentenanspruch ab, weil der Unfall nicht als Betriebsunfall zu erachten sei, indem das fragliche Holzfahren nicht einen Bestandteil des forstwirtschaftlichen Betriebes bilde und weil Ökonom A jedenfalls nicht als Arbeiter des Pfarrers gelten könne.

Auf erhobene Berufung des Ökonomen A wies dieselbe das Schiedsgericht mit der Begründung zurück, daß A für die in Betracht kommende Thätigkeit gar nicht versichert sei und überdies die Folgen des Unfalles um deswillen selbst zu tragen habe, weil er das Hofthor eigenmächtig selbst geöffnet habe, während er dessen Öffnung zu veranlassen gehabt hätte.

Bei der Verhandlung des gegen die Entscheidung des Schiedsgerichtes von dem Ökonomen A eingelegten Rekurses vor dem K. bayer. Landesversicherungsamte bestritt der Vertreter der land- und forstwirtschaftlichen Berufsgenossenschaft die Zuständigkeit des Landesversicherungsamtes, weil, wenn ein Rentenanspruch überhaupt begründet wäre, die Fuhrwerksberufsgenossenschaft zur Zahlung der Rente verpflichtet wäre.

Wie hat die Entscheidung des Landesversicherungsamtes zu lauten und wie ist dieselbe zu begründen?

II. Probeaufgabe
aus der Volkswirtschaft.

1890.

I.

Welche Vorteile und Nachteile erwachsen aus der unbeschränkten Teilbarkeit des Grundbesitzes?

Erscheint es zur Erhaltung eines leistungsfähigen Bauernstandes geboten, die Teilbarkeit der bäuerlichen Anwesen einzuschränken?

Was sind Familienfideikommisse, bäuerliche Erbgüter, Rentengüter und Heimstätten?

Welchen Einfluß äußern solche Einrichtungen auf den Grundbesitz?

II.

Was versteht man unter Identitätsnachweis bei der Getreide-Ausfuhr?

Welche Vorschläge wurden behufs Beseitigung des Identitätsnachweises gemacht?

Welche Wirkungen sind von dem Aufgeben dieses Nachweises zu erwarten?

I. Probeaufgabe
aus der Staatsfinanzwirtschaft.

Zu welcher Gattung von Staatsabgaben zählt die Erbschaftssteuer?

Welche Gründe sprechen für oder gegen die Erhebung einer Erbschaftssteuer und von welchen Grundsätzen ist bei Einrichtung einer solchen auszugehen?

II. Probeaufgabe
aus der Staatsfinanzwirtschaft.

Welche Mittel und Wege bieten sich nach den in Bayern geltenden gesetzlichen und verordnungsmäßigen Bestimmungen dar, um Nachteile aus dem Verluste oder der Vernichtung von Staatsobligationen abzuwenden?

In welcher Richtung könnte eine Erweiterung der bestehenden Schutzmittel stattfinden und welche Gründe sprechen für oder gegen solche Erweiterung?

Praktische Aufgabe
aus dem Bereiche der inneren Verwaltung
(für die Kandidaten des rechtsrheinischen Bayerns).

1890.

Die Ortschaft A, welche als Bestandteil der Landgemeinde B die Verwaltung ihres Sondervermögens dem Gemeindeausschusse B übertragen hat, besitzt unter anderem auch eine der Ortschaft unmittelbar anliegende, vom Staate erworbene Verlandung des Flusses D, welche von der Ortschaft entsprechend aufgefüllt und geebnet worden war.

Die Holzhändler Hoch, Kurz und Lang, alle drei wohnhaft in A, welche bis dahin vom Bahnhofe in A weg Holzstämme auf Fuhrwerken zum Flusse D verbrachten und auf dem Wasser weiter verfrachteten, begannen mit dem Frühjahre 1889, die Holzstämme über die genannte Verlandungsfläche, weil diese weit bequemer als die seitherige Einbringstelle war, in den Fluß D zu verbringen.

Da die Verlandungsfläche hiedurch stark zusammengefahren wurde, so erhoben sich bald Stimmen im Orte, daß hiegegen etwas geschehen müsse.

Der Bürgermeister der Gemeinde B berief deshalb eine Ortsversammlung in A auf 1. Juli 1889 zusammen und in dieser wurde bei 40 stimmberechtigten Ortsbürgern von 30 Erschienenen einstimmig Beschluß dahin gefaßt:

„Es sei den Holzhändlern das Fahren mit ihren Holzstämmen über die Verlandungsfläche zwar auch fernerhin nicht zu verwehren; dieselben haben jedoch, wie jeder andere, der etwa noch darüber fahren sollte, 3 ₰ von jedem Zentner der Ladung an die Ortskasse zu entrichten und zwar habe dieser Beschluß vom 1. Januar 1889 an in Wirkung zu treten."

Dieser Beschluß wurde am 3. Juli 1889 jedem der drei genannten Holzhändler persönlich und durch Anschlag an der Gemeindetafel öffentlich bekannt gegeben.

Holzhändler Hoch stellte zwar seine Fahrten über die Verlandungsfläche ein, brachte jedoch mit einer vom Rechtsanwalte Grün verfaßten und von Hoch unterzeichneten Vorstellung am 5. Juli 1889 bei der Gemeindeverwaltung B Beschwerde an mit der Bitte, den Beschluß vom 1. Juli außer Wirksamkeit zu setzen; dabei führte er aus:

1. Der Ortsversammlungsbeschluß leide an Nichtigkeit; es hätte ein Gemeindeverwaltungsbeschluß vorausgehen müssen; er — Beschwerdeführer — und seine zwei Genossen seien zur Ortsversammlung gar nicht geladen worden; ebenso die zwei Ortsbürger Breit und Tief nicht; zwei Abstimmende — Eng und Schmal — seien gar keine Ortsbürger, da sie in einer anderen Ortschaft E der Gemeinde B wohnen; die Protokollierung sei erst am anderen Tage und nicht im Protokoll-

buche erfolgt und das Protokoll heute noch ohne gesetzmäßige Fertigung.

2. Die Verlandungsfläche sei ein öffentlicher Platz der Ortschaft A, über den Jedermann gehen und fahren könne; die Ortschaft könne deshalb für dessen Benützung keine Vergütung fordern; wollte aber ein Wegzoll eingeführt werden, so könnte das nur mit Genehmigung des kgl. Staatsministeriums des Innern geschehen.

3. Die Art der Abgabe, wie sie beschlossen worden, sei auch unzulässig; es sei eine Besteuerung von Handelsholz, die dem Zoll- und Handelsvereinsvertrage vom 8. Juli 1867 widerstreite.

Die Holzhändler Kurz und Lang setzten nach dem 1. Juli ihre Fahrten über die Verlandung fort, ohne sich um den Ortsversammlungsbeschluß zu kümmern.

Aus Anlaß der Vorstellung des Hoch faßte am 7. Juli 1889 die Gemeindeverwaltung B Beschluß als Ortschaftsvertretung:

„Die Holzhändler Hoch, Kurz und Lang seien schuldig, unter ziffermäßiger Gewichtsnachweisung für ihre seit 1. Januar 1889 über die Verlandung transportierten Frachten die im Ortsversammlungsbeschlusse vom 1. Juli 1889 bestimmte Abgabe nebst 6 % Verzugszinsen und zwar letztere vom 1. Juli 1889 an zu zahlen."

Dieser Beschluß wurde den drei Holzhändlern am 8. Juli eröffnet, worauf Hoch sofort dem Bürgermeister von B schriftlich erklärte, daß er gegen diesen Beschluß Beschwerde erhebe und eine Verpflichtung nicht anerkenne. Kurz und Lang erwiderten auf den Beschluß zunächst nichts. Gemeindeverwaltung B legte nun die Verhandlungen mit Bericht vom 10. Juli 1889 an das K. Bezirksamt X vor unter dem Antrage, die Holzhändler Hoch, Kurz und Lang nach Maßgabe des Verwaltungsbeschlusses vom 7. Juli 1889 zur Zahlung zu verhalten; dabei wurde mit bezug auf das Vorbringen des Hoch vom 5. Juli 1889 angefügt:

1. In seiner Sitzung vom 20. Juni 1889 habe der

Gemeindeausschuß mit der beabsichtigten und später von der Ortsversammlung beschlossenen Abgabe sich einverstanden geäußert und seien zum Ortsversammlungsbeschlusse die Ausschußmitglieder auch mit unterschrieben, ein Ausschußbeschluß sei jedoch nicht protokolliert worden, weil solcher nicht als nötig erachtet wurde. Die drei Holzhändler seien nicht geladen worden, weil sie persönlich beteiligt seien; im übrigen habe der Gemeindediener allen Ortsbürgern eingesagt; Eng und Schmal von E hätten Haus und Grundstücke in der Ortsflur A; auch sei das Beschlußprotokoll jetzt vom Bürgermeister und Gemeindeschreiber unterzeichnet; alle anderen Bemängelungen seien rechtlich belanglos.

2) Die Verlandung sei kein öffentlicher Platz und werde sonst von niemanden befahren, sei vielmehr zu anderen Gemeindezwecken bestimmt; wenn dann und wann Erwachsene oder Kinder sich darauf bewegen und aufhalten, so lasse das noch nicht eine Folgerung im Sinne des Hoch zu.

Ob im übrigen der Ortschaft eine Berechtigung auf die eingeführte Abgabe zustehe, werde getrost der höheren Entscheidung überlassen.

Dieses Anrufen der Ortschaftsvertretung wurde vom K. Bezirksamte X mit Verfügung vom 13. Juli 1889 den Holzhändlern Hoch, Kurz und Lang mit dem Auftrage zugeschlossen, innerhalb 14 Tagen zu zahlen oder Erinnerungen vorzubringen.

Die drei Holzhändler zahlten nicht, sondern Hoch und Lang erklärten am 16. Juli 1889 persönlich vor dem K. Bezirksamte X:

1. Hoch hielt an seinen Nichtigkeitsgründen gegen den Ortsversammmlungsbeschluß fest; nirgends schließe das Gesetz aus, daß persönlich Beteiligte nicht wenigstens zur Versammlung zugelassen und mit ihren Interessen vorerst gehört werden; Breit und Tief wüßten von einer Ladung nichts; Eng und Schmal hätten an der Beratung und Beschlußfassung nicht teilnehmen sollen.

Die Verlandung sei von allen Seiten für Fußgänger

und Fuhrwerke frei zugänglich und vermittle den Verkehr zum Flusse; im übrigen dürfte nach den Gesetzen überhaupt nur die Verzehrung, niemals aber Handel und Produktion in der Gemeinde besteuert werden.

Auf alle Fälle könne von einer Zahlungsverpflichtung über den 1. Juli 1889 zurück keine Rede sein; auch gehe 6 % für Verzugszinsen weit über den jetzt landesüblichen Zinsfuß hinaus; nach beiden Richtungen müßten die Beschlüsse vom 1. und 7. Juli 1889 als gesetzwidrig bezeichnet werden.

2. Lang äußerte, er glaube überhaupt in der Sache nicht beteiligt zu sein; das von ihm gefahrene Holz gehöre durchweg der Firma Blau in F (K. Bezirksamts H); er besorge nur die Verfrachtung des Holzes vom Bahnhofe zum Flusse und auf dem Wasser und werde auch nur hiefür bezahlt; eine Abgabe für die Holzladung könne deshalb nicht ihn treffen.

Alle beide verbanden damit den Antrag, die Ortschaft A mit ihren Ansprüchen kostenfällig abzuweisen oder beziehungsweise die Beschlüsse der Ortschaft und ihrer Vertretung vom 1. und 7. Juli 1889 aufzuheben.

Am 1. August 1889 erschien auch Kurz bei dem K. Bezirksamte X und schloß sich nach jeder Richtung der Erklärung und den Anträgen des Hoch an.

Das K. Bezirksamt X forderte nun auch die Firma Blau zur Erklärung auf, welche am 10. August 1889 einkam und lautete:

Sie habe bis jetzt von dem Beschlusse der Ortsversammlung A und den Forderungen der Ortschaftsvertretung gar nichts gewußt und sei die Firma von letzterer gar nicht in Anspruch genommen; Lang habe, wie der in Urschrift angefügte Vertrag wörtlich besage, sich „verpflichtet, alles für die Firma Blau auf dem Bahnhofe in A ankommende Holz um 2 ℳ für den Kubikmeter in den Fluß D zu verbringen und auf dem Wasser nach F zu liefern“; Lang habe deshalb alle auf diesem Transporte erwachsenden Unkosten und daher auch die strittige Abgabe zu bestreiten.

Die zu allen diesen Erklärungen vom K. Bezirksamte nochmals einvernommene Gemeindeverwaltung B blieb in allem auf ihrem Standpunkte stehen und fügte nur an:

Nach Aussage des Gemeindedieners habe er bei den Ortsbürgern Breit und Tief, weil diese abwesend, die Ortsversammlung ihren Töchtern angesagt; die Rechtsverhältnisse zwischen Lang und Firma Blau seien der Verwaltung nicht bekannt und sie glaube hiernach zunächst an Lang sich halten zu können und zu müssen

Auf die bezirksamtliche Bekanntgabe dieser Gegenerklärung der Gemeindeverwaltung B und die Aufforderung zur Schlußerklärungsabgabe brachten die Holzhändler Hoch, Kurz und Lang und die Firma Blau nichts mehr vor.

Seitens des K. Bezirksamtes X wurden jedoch noch einige Erhebungen gepflogen:

1. Die Ortsbürger Breit und Tief geben auf Eid an, daß sie eine Ladung zur Ortsversammlung vom 1. Juli 1889 nicht erhielten und deshalb auch nicht dazu erscheinen konnten; ihre Töchter erinnerten sich jetzt zwar, daß der Gemeindediener ihnen die Versammlung ansagte, hätten aber darauf vergessen; im übrigen werde sonst durch Bekanntmachung mit der Schelle zu Versammlungen geladen.

2. Im Grundsteuerkataster-Auszuge der Ortschaft A findet sich vorgetragen:

„Plan-Nr. 689$^1/_2$ Verlandung 1,106 Hektar."

Drei Nachbarn der Verlandungsfläche sagen auf Eid aus, daß zwar Leute auf dieser Fläche dann und wann herumgehen und stehen; von einem Fuhrwerksverkehre darauf hätten sie vor 1889 nichts bemerkt.

Das Kgl. Straßen- und Flußbauamt Y teilte mit:

Bei den Kaufsunterhandlungen und im Vertrage deutete nichts an, daß die Verlandung zu Verkehrszwecken bestimmt sei, und habe sich die Ortschaft A wegen einer Einladestelle an der Verlandung bis jetzt nicht an das Straßen- und Flußbauamt gewendet.

3. Die von Firma Blau angezogene Stelle aus dem Vertrage mit Lang wird vom Kgl. Bezirksamte X als richtig zu den Akten konstatiert.

Seitens des Kgl. Bezirksamtes X erging nun unterm 15. September 1889 Beschluß dahin:

1. Die Holzhändler Hoch und Kurz, sowie die Firma Blau seien schuldig, für die sämtlichen seit 1. Januar 1889 über die Verlandung Pl.-Nr. $689^1/_2$ gefahrenen, im Gewichte von den Beklagten noch genau nachzuweisenden Frachten die im Ortsversammlungsbeschlusse vom 1. Juli 1889 bestimmte Abgabe und vom 1. Juli 1889 an — Kurz und die Firma Blau 6 %, dagegen Hoch 4 % — Verzugszinsen daraus an die Ortskasse von A zu zahlen, ferner
2. die Kosten des Verfahrens nach Kopfteilen zu tragen, wobei von jedem eine Gebühr von 5 ℳ für den Beschluß erhoben werde,
3. sei die Gemeindeverwaltung B mit ihrem Anspruche gegen Lang kostenfällig — mit 2 ℳ Beschlußgebühr — abzuweisen, und zwar aus folgenden Gründen:
   a) Der Beschluß der Ortsversammlung A vom 1. Juli 1889 leide zwar an manchen Mängeln; doch seien die dazu erhobenen Einwendungen nicht derart, daß eine Nichtigkeit gegen den Beschluß vorliege; Kurz und Firma Blau aber hätten den Beschluß der Ortschaft A vom 1. Juli 1889 und der Gemeindeverwaltung B vom 7. Juli 1889 innerhalb 14 Tagen nicht angefochten und seien diese Beschlüsse deshalb gegen beide rechtskräftig.
   b) Die Verlandung Pl.-Nr. $689^1/_2$ diene keinem öffentlichen Verkehre; die Ortschaft sei deshalb berechtigt, für die Benützung ihres Eigentums auch über den 1. Juli 1889 zurück Abgabe zu fordern, und stünde dem keinerlei Gesetz entgegen.

c) Der Ortsversammlungsbeschluß sei — abgesehen von der persönlichen Eröffnung an Hoch, Kurz und Lang — sofort öffentlich bekannt gemacht worden; es mußte deshalb Jedermann vom 1. Juli ab sich darnach richten und ist für jede Säumnis Verzugszins zu leisten, der jedoch gegen Hoch auf dessen rechtzeitige Beschwerde nach jetziger Zeit auf 4 % festzusetzen war.

d) Der Ortsversammlungsbeschluß bestimme zweifelsohne eine Abgabe von der Ladung und deren Eigentümern; Lang sei jedoch, wie nachträglich aufgeklärt wurde, nur Frachtführer, weshalb jeder Anspruch gegen ihn unbegründet sei.

e) Nach allgemeinen Rechtsgrundsätzen habe jede unterliegende Partei die sie treffenden Kosten einschließlich der nach Lage des Falles zu bemessenden Beschlußgebühr zu tragen.

Dieser Beschluß wurde in Ausfertigung jedem der fünf Beteiligten am 1. Oktober 1889 unter der Belehrung zugestellt, daß innerhalb 14 Tagen dagegen Berufung an die K. Regierung K. d. J. von Z erhoben werden kann.

Die Ortschaftsvertretung von A kam dagegen bei dem Kgl. Bezirksamte X am 5. Oktober 1889 mit Beschwerde ein, da sie von Hoch nur 4 % Verzugszinsen erhalten und gegen Lang Kosten tragen solle; Abschriften dieser Beschwerde gingen allen übrigen Beteiligten zu.

Die Firma Blau reichte am 10. Oktober 1889 bei dem K. Bezirksamte X Beschwerde an die K. Regierung K. d. J. von Z ein mit der Bitte, die Ortschaft A mit ihrem Anspruche zurückzuweisen, eventuell den Holzhändler Lang für zahlungspflichtig zu erklären; dabei nimmt die Beschwerde auf alles Vorbringen in der I. Instanz Bezug und fügt bei:

„Auch Firma Blau habe den Ortsversammlungsbeschluß vom 1. Juli 1889 niemals als giltig anerkannt; sie halte jenen Beschluß ebenso wie Hoch und Kurz in formeller und materieller Richtung für hinfällig und glaube, daß dies schon von Amtswegen zu prüfen und auszusprechen sei; im übrigen habe für die Firma Blau nach 1. Juli 1889 Lang keine Holzstämme mehr, sondern nur Bretter über die Verlandung zum Flusse D gefahren, die gar nicht unter den Beschluß fallen, und müsse festgehalten werden, daß nicht der Eigentümer des Holzes, sondern der Frachtführer die ihm auf dem Transport erwachsenden Kosten zu tragen habe.

Von Hoch lief am 14. Oktober und von Kurz am 16. Oktober 1889 Beschwerde bei der K. Regierung K. d. J. von Z ein, von wo die beiden Beschwerden am 18. Oktober an das K. Bezirksamt X gelangten.

Hoch und Kurz bezogen sich in diesen Beschwerden auf ihre Ausführungen und Anträge in der I. Instanz und nur Kurz fügte noch bei, daß er nach dem 1. Juli 1889 nur mit Bausteinen über die Verlandung gefahren sei und der Ortsversammlungsbeschluß sich hierauf jedenfalls nicht erstrecke.

Von den Beschwerden des Hoch und des Kurz und der Firma Blau gingen Abschriften der Ortschaftsvertretung von A zu, welche jedoch nichts weiter in der Sache vorbrachte.

Nach Vorlage der Akten wurden von der K. Regierung K. d. J. im Bureauwege mit Entschließung vom 4. November 1889 Nr. 26001 die Beschwerden der Ortschaftsvertretung von A, sowie der Holzhändler Hoch und Kurz und der Firma Blau vom staatsaufsichtlichen Standpunkte teils als verspätet und teils als unbegründet kostenfällig — unter 8 ℳ Beschlußgebühr im ganzen — abgewiesen; dazu wurde ausgeführt:

1. Die Prüfung der Gesetzmäßigkeit eines Gemeindebeschlusses sei Sache der Staatsaufsicht; die Staatsaufsicht würde aber nach den hierher einschlägigen Bestimmungen in I. Instanz von den Bezirksämtern und in II. Instanz von den Kreisregierungen gehandhabt; die Regierung sei deshalb im vorliegenden Falle insoweit zuständig, als die Rechtsgiltigkeit der von der Ort-

schaft A und ihrer Vertretung gefaßten Beschlüsse vom 1. und 7. Juli 1889 in Frage stehe.

2. Diese Beschlüsse seien Beschlüsse in eigentlichen Gemeindeangelegenheiten und sei eine Beschwerde dagegen an eine Notfrist von 14 Tagen gebunden; nachdem die Firma Blau solche Beschwerde nicht rechtzeitig erhoben habe, könnten jene Beschlüsse von ihr nicht mehr nachträglich angefochten werden.

3. Die Beschwerde des Hoch sei zwar innerhalb der 14tägigen Frist bei der K. Regierung, nicht aber bei dem Bezirksamte eingelaufen; nachdem jedoch zunächst eine Verwaltungssache vorliege, sei die Frist immerhin gewahrt. Zu dem Anbringen des Hoch gegen die Rechtsgiltigkeit des Ortsversammlungsbeschlusses werde auf die Gründe der I. Instanz Bezug genommen.

4. Die Beschwerde des Kurz sei schon bei der K. Regierung erst nach 14 Tagen eingelaufen und deshalb als verspätet nicht weiter zu würdigen.

5. Bezüglich des Lang habe die I. Instanz den Gemeindeverwaltungsbeschluß vom 7. Juli 1889 mit Recht als unzutreffend angenommen und sei die Beschwerde dagegen unbegründet.

6. Soweit die Beschwerdeführer dem Ortsversammlungs- und Gemeindeverwaltungs-Beschlusse gegenüber, auch wenn solche rechtsgiltig seien, ihre Zahlungsverpflichtung in Haupt- oder Nebensache noch bestreiten, liege eine Verwaltungsrechtssache vor und sei zur Entscheidung hierüber nicht die Kgl. Regierung, sondern der kgl. Verwaltungsgerichtshof in zweiter und letzter Instanz zuständig.

7. Als sachfällig hätten die vier beschwerdeführenden Streitteile die Kosten des Verfahrens II. Instanz gesamtverbindlich mit einer Beschlußgebühr zu tragen, wie solche dem Falle entspreche.

Dieser Regierungsbescheid wurde den vier Beschwerdeführern, wie auch dem Holzhändler Lang am 12. November 1889 in je einer Abschrift zugestellt.

Die Holzhändler Hoch und Kurz und Firma Blau erteilten nun zu ihrer weiteren Vertretung Vollmacht an Rechtsanwalt Grün und dieser reichte am 25. November 1889 bei dem Kgl. Bezirksamte X Beschwerde gegen den Regierungsbescheid „an den kgl. Verwaltungsgerichtshof und insoweit dieser sich nicht als zuständig erachten sollte, an das Kgl. Staatsministerium des Innern" zunächst unter dem Antrage ein, nach Lage der Sache zu entscheiden; eine Abschrift der Beschwerde wurde der Gemeindeverwaltung von B zugestellt.

Diese Beschwerde langte am 30. November 1889 mit den Akten bei der Kgl. Regierung K. d. J. von Z und am 5. Dezember 1889 bei dem Kgl. Verwaltungsgerichtshofe ein.

Am 20. Januar 1890 war bei dem Kgl. Verwaltungsgerichtshofe öffentlich mündliche Verhandlung darüber, wozu ladungsgemäß Rechtsanwalt Grün als Vertreter der Holzhändler Hoch und Kurz und der Firma Blau, Rechtsanwalt Grau als Vertreter der Ortschaft A auf Grund vorgängiger Bevollmächtigung vom 1. Dezember 1889, sowie Holzhändler Lang persönlich erschienen waren.

Nach Vortrag des Referenten führte zunächst Rechtsanwalt Grün aus:

1. Die Ortschaft A könne eine Abgabe, wie sie beschlossen, überhaupt nicht erheben; nirgends im Gesetze sei den Ortschaften ein solches Recht eingeräumt, und wenn die Ortschaft A für die Benützung ihres Eigentumes Forderungen machen wolle, so sei dies lediglich ein Privatrechtsverhältnis, über welches die Gerichte zu entscheiden haben, und müsse deshalb vor allem die Zuständigkeit der Verwaltungsbehörden bestritten werden.
2. Sollte aber auch hievon abgesehen werden, so hafteten dem Ortsversammlungsbeschlusse, wie in den früheren Instanzen schon dargethan, zahlreiche Unregelmäßigkeiten an, die bis jetzt in keiner Weise gehoben oder gerecht-

fertigt seien und dessen Nichtigkeit unzweifelhaft zur Folge haben müßten.

3. Die Verlandung sei und bleibe nichts anderes als eine Verbindung nach dem Wasser; Kataster und Kaufvertrag schließen das nicht aus und auch gegen die neue Einladestelle am Flusse D sei von keiner Seite ein Widerspruch erfolgt.

Niemals sei gegen den Verkehr über die Verlandung ein Verbot ergangen oder eine Warnungstafel angebracht worden; es könnte sich deshalb nur um einen Wegzoll handeln, wozu Genehmigung des Kgl. Staatsministeriums des Innern erfordert sei, oder um eine Verbrauchsabgabe, wozu jede Voraussetzung fehle.

4. In der Ortschaft A würden zur Zeit keine Umlagen erhoben; es müßten deshalb im Bedarfsfalle nach dem Gesetze in erster Linie Umlagen eingeführt werden, ehe andere Abgaben zulässig seien.

5. Widerstritten müsse eventuell werden, daß der Ortschaft eine Berechtigung zur Erhebung einer Abgabe über den 1. Juli 1889 zurück zustehe, daß vom 1. Juli 1889 ab 6 % Verzugszinsen gefordert werden könnten, daß der Ortsversammlungsbeschluß auf Bretter- und Steinfuhren sich beziehe und auf die Firma Blau überhaupt einschlägig sei. Über den Prozentsatz der Verzugszinsen habe sich übrigens in bezug auf den Hoch die Ortschaftsvertretung gegen den abweislichen Regierungsbescheid gar nicht weiter beschwert.

6. Mit Unrecht werde der Firma Blau gegenüber eine Rechtskraft der Beschlüsse der Ortschaft A und ihrer Vertretung vom 1. und 7. Juli 1889 angenommen, nachdem ihr solche gar nicht bekannt gegeben wurden.

Aber auch dem Kurz gegenüber müsse die Verspätung seiner Beschwerde gegen die genannten Beschlüsse und gegen den Regierungsbescheid im vorliegenden Falle unschädlich sein; denn wenn seinen Genossen gegenüber auf gänzliche oder teilweise Nichtigkeit oder Ungiltigkeit jener Beschlüsse erkannt würde, müßte dies auch dem Kurz zu gute kommen.

7. Eine Nachweisung ihrer Fuhren über die Verlandung könne keinesfalls seinen Vollmachtgebern obliegen; vielmehr müsse die Ortschaft wissen und beweisen, was sie zu fordern habe.

8. Der Regierungsbescheid habe selbst hervorgehoben, daß es sich bei demselben lediglich um eine Staatsaufsichtssache handele; der Bescheid mußte deshalb gebührenfrei ergehen und im übrigen scheine eine Gebühr von 8 ℳ jedenfalls der gesetzlichen Abstufung, welche den Mittelstellen nur jeweils die Hälfte mehr über die Gebühr der Unterbehörden gestatte, nicht zu entsprechen; dabei sei der dreifache Gebührenansatz der I. Instanz mit dem Gesetze wohl nicht zu vereinbaren.

Aus allen diesen Gründen werde beantragt, die Ortschaft A in jeder Richtung kostenfällig abzuweisen oder beziehungsweise deren Beschlüsse vom 1. und 7. Juli 1889, sowie die Bescheide der Vorinstanzen aufzuheben.

Rechtsanwalt Grau brachte hierauf vor:

1. Der Regierungsbescheid habe den Charakter einer Verwaltungssache; die Beschwerde dagegen hätte deshalb nach dem Gesetze über die Errichtung eines Verwaltungsgerichtshofes 2c. innerhalb 14 Tagen bei der Kgl. Regierung angebracht werden sollen, was nicht geschehen; sie müsse deshalb als verspätet zurückgewiesen werden.

2. Was von der Zuständigkeit der Gerichte, von den Bretter- und Steinfuhren, von Umlagen der Ortschaft A angeführt worden, hätte in der I. Instanz schon vorgebracht werden sollen; solche nachgeschleppte Einwendungen könnten jetzt nicht mehr berücksichtigt werden.

Im übrigen ruhe die Abgabe nicht in einem Vertrage, sondern im Selbstbestimmungsrechte der Gemeinden; die Ortschaft sei davon nirgends ausgeschlossen.

Die Holzstämme seien nur die Veranlassung, nicht der ausschließliche Gegenstand des Ortsversammlungsbeschlusses, und zu einer Umlagenerhebung liege kein Bedürfnis vor.

3. Ganz unerfindlich sei, warum die Rechtskraft der von der Ortschaft A und deren Vertretung gefaßten Beschlüsse vom 1. und 7. Juli 1889 gegen Kurz und die Firma Blau, sowie jene des bezirksamtlichen Beschlusses vom 15. September 1889 gegen Kurz nicht wirken sollte; der Ortsversammlungsbeschluß sei öffentlich bekannt gemacht und war es Sache der Firma Blau, sich davon Kenntnis zu verschaffen.

4. Jede Gemeinde sei berechtigt, über die Erhebung örtlicher Gefälle Vorschriften zu erlassen und dabei die Nachweisung abgabepflichtiger Gegenstände den Beteiligten aufzuerlegen; letzteres sei mit dem Beschlusse der Ortschaftsvertretung vom 7. Juli 1889 geschehen.

5. Von selbst erhelle, daß für jede Fahrt über die Verlandung eine Zahlungsverpflichtung, vom 1. Juli 1889 aber Verzug in der Zahlung bestehe; ein 4prozentiger Verzugszins widerspreche dem Rechte der Ortschaft A und ein rechtskräftiger Regierungsbescheid liege darüber keineswegs vor.

6. Die Ortschaftsvertretung von A hielt es im Sinne des Ortsversammlungsbeschlusses gelegen, den Holzhändler Lang für die Abgabe in Anspruch zu nehmen; im übrigen könnte es der Ortschaft gleichgiltig sein, ob sie von Lang oder der Firma Blau bezahlt werde, und nachdem ihre Berechtigung überhaupt im Beschlusse der I. Instanz anerkannt worden, sei es ungerechtfertigt, ihr Kosten aufzubürden. Es werde deshalb beantragt, die gegnerischen Beschwerden kostenfällig zurückzuweisen, die Ziffer 3 der bezirksamtlichen Entscheidung aufzuheben und beziehungsweise auch den Hoch zu 6 % Verzugszinsen zu verhalten.

Holzhändler Lang erklärte: Vor allem müsse er sich beklagen, daß ihm von den Beschwerden der Firma Blau zur II. und III. Instanz bis jetzt keinerlei Kenntnis wurde, um seine Rechte wahren zu können; nach dem jedoch, was er heute vernommen, könne auch er die Beschlüsse der Ortschaft A und ihrer Vertretung vom 1. und 7. Juli 1889 auf keine Weise anerkennen und noch weniger für seine Person eine Zahlungsverpflichtung, welche zweifellos der Firma Blau obliege.

Rechtsanwalt Grün bemerkte noch:

1. Eine Fristversäumnis für die am 25. November 1889 bei dem Kgl. Bezirksamte X eingereichte Beschwerde könne nicht zugegeben werden und lasse es überhaupt noch eine Frage zu, ob die Kgl. Kreisregierung irgend eine Zuständigkeit in der Sache oder nicht wenigstens kollegial zu entscheiden hatte.
2. Wenn die Ortschaft A Gegenleistung für die Gestattung der Fahrten über die Verlandung fordere, so strebe sie damit nur ein Vertragsverhältnis an, eine Art von Innominatkontrakt, woraus die privatrechtliche Natur der Sache erhelle.
3. Die Thatsache, daß die Verlandung die Eigenschaft eines öffentlichen Weges oder Platzes besitze, sei nicht widerlegt, und wenn wirklich ein Zweifel darüber bestehen sollte, so würde dies zu dem jetzigen Streite eine Vorfrage bilden, die vor den zuständigen Behörden im vorgeschriebenen Rechtszuge zunächst erst ausgetragen und entschieden werden müßte.

Rechtsanwalt Grau und Holzhändler Lang brachten nichts weiter darauf vor und die Kgl. Staatsanwaltschaft erklärte, von einer Äußerung in dieser Sache absehen zu wollen.

Die Aufgabe geht nun dahin, die Entscheidung des K. Verwaltungsgerichtshofes nebst den Entscheidungsgründen nach allen einschlägigen Richtungen zu entwerfen; dabei sind durchweg alle in Anwendung kommenden Bestimmungen aus

Gesetzen, Verordnungen 2c. 2c. genau anzugeben und ist namentlich auch zu erörtern, ob, in welchen Richtungen und aus welchen Gründen etwa Zuständigkeiten des K. Staatsministeriums des Innern oder der Gerichte gegeben sind.

Spezielle Aufgaben

für die

Rechtspraktikanten

in der

Pfalz

1890.

Erste Aufgabe
aus dem Zivilrecht.

Johann Klein, Ackerer, in Dammheim (Amtsgerichtsbezirks Landau) wohnhaft, verheiratete sich am 10. Januar 1880 mit Katharina Müller. Vor Eingehung dieser Ehe wurde ein Ehevertrag errichtet, durch welchen die eheliche Gütergemeinschaft auf die Errungenschaftsgemeinschaft beschränkt wurde. Die Ehefrau Klein brachte in die Ehe die bare Summe von 2000 ℳ, sowie drei ihr persönlich angehörige Grundstücke Insheimer Bannes ein, welche laut vorliegender Notariatsurkunde durch die Eheleute Klein am 20. April 1881 um den sofort baar an den Ehemann entrichteten Kaufpreis von 1000 ℳ veräußert wurden.

Der Ehemann Klein brachte in die Ehe zwei Liegenschaften: ein in Dammheim gelegenes Wohnhaus A, sowie ein weiteres Grundstück B. Während der Ehe wurden drei Grundstücke, gleichfalls im Banne von Dannheim gelegen, käuflich angeschafft, und zwar die Grundstücke C und D im Jahre 1880 und das dritte Grundstück E im Jahre 1889.

1. Das dem Ehemanne Klein persönlich zugehörige Wohnhaus A war demselben von seinem Vater Peter Klein durch eine am 1. November 1879 aufgenommene und sofort in das Transskriptionsregister des K. Hypothekenamts Landau überschriebene Notariatsurkunde mittelst Schenkung unter Lebenden zu einem Anschlage von 2000 ℳ übertragen worden mit der Bestimmung, daß der Beschenkte hievon den Betrag von 1000 ℳ auf künftigen väterlichen Erbteil sich anrechnen dürfe und mit der weiteren als Verpflichtung auferlegten Bedingung, daß der Schenknehmer den Restbetrag von 1000 ℳ an den schenkenden Vater herauszubezahlen

habe. Diese fällig gewordene Herausgabssumme ist noch geschuldet mit Zinsen vom 1. November 1889 an.

2. Das von dem Ehemanne Klein in die Ehe eingebrachte weitere Grundstück B, früher zum Nachlasse seiner verlebten Mutter gehörend, hatte derselbe anläßlich der Teilung dieses Nachlasses bei der am 12. Dezember 1879 abgehaltenen Teilungsversteigerung um den Preis von 1000 ℳ erworben, wovon er bei der am nämlichen Tage vorgenommenen Liquidation dieses Nachlasses die Hälfte mit 500 Mark, zahlbar gemäß der erwähnten Lizitationsurkunde in den drei nächstfolgenden Jahresterminen mit Zinsen vom Tage der Lizitation, an seinen einzigen Miterben, den Bruder Friedrich Klein zu zahlen angewiesen wurde. Inhaltlich der Lizitationsurkunde war ausdrücklich bedungen worden, daß im Falle der Lizitationspreis nicht rechtzeitig und vollständig bezahlt würde, der hierauf Angewiesene berechtigt sein solle, die Veräußerung als aufgelöst zu erklären und das vertragsmäßige Wiederversteigerungsverfahren zu betreiben. Eine Einschreibung wegen dieser Steigpreisschuld von 500 ℳ in den Hypothekenregistern fand nicht statt. Dieselbe ist mit Zinsen vom 12. Dezember 1886 noch geschuldet.

3. Das in der Ehe angeschaffte Grundstück C wurde durch den Ehemann Klein mittelst Notariatsurkunde vom 20. Dezember 1880 von dem Ackerer Adam Schmitt käuflich erworben und ist hierauf noch ein Kaufpreisrest von 200 ℳ mit rückständigen Zinsen hieraus vom 20. Dezember 1886 an den Verkäufer geschuldet. Letzterer ließ die Verkaufsurkunde im Hypothekenamte Landau nicht transskribieren; auch wurde wegen dieses Kaufpreises eine sonstige Einschreibung in den Hypothekenregistern nicht herbeigeführt.

4. Im Monat März 1880 wurde der Ehemann Klein als Dativvormund über das minderjährige Kind des in Dammheim verlebten Schmieds Andreas Koch ernannt. Diese Vormundschaft übernahm er am 15. März 1880. Am 15. April 1880 wurde auf Betreiben des Staatsanwalts

am K. Landgerichte Landau gegen den Ehemann Klein zur Sicherung der Ansprüche dieses Mündels aus der Vormundschaftsführung bei dem Hypothekenamt Landau Einschreibung genommen auf alle gegenwärtigen und zukünftigen in dem Hypothekenamtsbezirke gelegenen Grundstücke des Vormunds. Diese Einschreibung wurde am 30. März 1890 auf Ersuchen des k. Amtsgerichts Landau für einen durch den Familienrat festgesetzten Geldbetrag von 2500 ℳ unter Bezeichnung der oberwähnten Immobilien A, B, C und D als Unterpfandsobjekte mit Angabe des Zeitpunktes, nach welchem sich der Rang der Mündelhypothek nach vorstehendem zu bestimmen hat, gegen Ehemann Klein erneuert und dabei gleichzeitig auf nämliches Ansuchen zur mehreren Sicherheit der Mündelansprüche auch Einschreibung auf das fünfte Grundstück E für den besagten Geldbetrag genommen.

Bald darauf legte mit Zustimmung des Familienrats Ehemann Klein die Vormundschaft nieder, an dessen Stelle der Ackerer Martin Kuntz in Dammheim zum Vormund ernannt wurde. Klein stellte sofort Vormundschaftsrechnung, als deren Ergebnis sich zu Gunsten des Mündels eine Rezeßsumme von 2000 ℳ ergab, die er in einer notariellen Urkunde vom 23. April 1890 mit der Verpflichtung zur Auslieferung an den neuen Vormund mit Zinsen von diesem Tage an anerkannte.

5. Der Handelsmann Aron Weil in Landau erwirkte gegen die beiden Eheleute Klein am 17. September 1884 bei dem K. Landgerichte Landau ein in Rechtskraft übergegangenes Urteil, wodurch dieselben wegen verschiedener Darlehen und Forderungen aus Kuhhändeln solidarisch zur Zahlung einer Summe von 2000 ℳ nebst Zinsen vom Tage der Klage und zu den Prozeßkosten verurteilt wurden. Weil ließ seine Urteilshypothek gegen die Eheleute Klein für Kapitalschuld und Accessorien am 30. September 1884 bei dem K. Hypothekenamte Landau auf das sämtliche gegenwärtige und zukünftige Immobiliarvermögen der Eheleute

Klein einschreiben. Letztere blieben die ganze Kapitalschuld nebst Zinsen hieraus vom 5. August 1885 schuldig.

6. In einer Notariatsurkunde vom 18. Januar 1885 bekannten die beiden Eheleute Klein an den Rentner Karl Doerr in Landau, für ein verzinsliches bares Darlehen solidarisch die Summe von 1500 ℳ schuldig geworden zu sein und bestellten dieselben gemeinsam mittelst dieser Urkunde zur Sicherung dieses Darlehens nebst Accessorien dem genannten Gläubiger die obenbezeichneten Liegenschaften A, B, C und D zum Unterpfande. Zugleich verzichtete die Ehefrau Klein in dieser Urkunde zu Gunsten des Gläubigers Doerr bis zum Belaufe seiner Forderung nebst Accessorien auf die ihr als Ehefrau gegen ihren Ehemann zustehende Legalhypothek, jedoch nur insoweit, als sich dieselbe auf die in der Notariatsurkunde speziell verpfändeten vier Liegenschaften erstreckt. Diese Vertragshypothek, sowie der Verzicht der Ehefrau Klein in ihre Legalhypothek zu gunsten des Gläubigers wurden am 20. Januar 1885 gesetzlicher Vorschrift entsprechend für die Darlehenssumme nebst Accessorien in das Inskriptionsregister des Hypothekenamts eingeschrieben. Auf dieses Darlehen, vertragsgemäß auf erstes Begehren rückzahlbar, blieben die Schuldner mit der Zinszahlung vom 18. Juni 1889 an im Rückstande.

7. In einer notariellen Schuld- und Pfandverschreibungsurkunde vom 20. November 1886 bekannten die Eheleute Klein, an den Privatmann Otto Schulz in Landau für bares verzinsliches Darlehen die Summe von 1000 ℳ und zwar gleichfalls samtverbindlich schuldig geworden zu sein, rückzahlbar nach einer vorausgegangenen vierteljährigen Aufkündigung.

Dabei verpfändeten die Eheleute Klein gemeinsam dem Gläubiger zur Sicherung seiner Forderung nebst Accessorien die nämlichen vier Liegenschaften A, B, C und D. Zugleich subrogierte darin die Ehefrau Klein den Gläubiger Schulz bis zum Belaufe dieser Forderung nebst Accessorien in die ihr gegen ihren Ehemann zustehende Legalhypothek und zwar nicht blos, soweit sich dieselbe auf die vorbezeichneten vier Immobilien erstreckt, sondern auch in betreff aller Grundstücke, die ihr Ehemann noch in Zukunft erwerben würde. Die Einschreibung dieser Konventionalhypothek, sowie dieser Subrogation in die Legalhypothek in den Hypothekenregistern fand am 25. November 1886 in gesetzlicher Weise statt für die Forderung des Gläubigers nebst Accessorien. Ungeachtet erfolgter Aufkündigung blieben die Eheleute Klein das Kapital nebst Zinsen vom 20. November 1888 schuldig.

Im Sommer 1890 wurde auf Betreiben des unter Ziffer 5 hier oben genannten Urteilsgläubigers Weil das Subhastationsverfahren gegen die Eheleute Klein eingeleitet, welches sich auf sämtliche obbezeichneten Grundstücke A, B, C, D und E erstreckte. Die Beschlagnahme wurde bewirkt am 16. Juli 1890; der Zuschlag erfolgte am 25. Oktober 1890. Hiebei wurde erlöst:

Für	das	Wohnhaus	A	4000	ℳ
„	„	Grundstück	B	1000	„
„	„	„	C	1000	„
„	„	„	D	500	„
„	„	„	E	500	„
		Gesamterlös:		7000	ℳ.

In dem hierauf eingeleiteten Verteilungsverfahren meldeten sämtliche oben unter Ziffer 1 bis 7 genannten Gläubiger ihre Forderungen an und zwar für Hauptsumme, sowie für die Zinsen hieraus, soweit letztere bei einer jeden hier oben als noch geschuldet bezeichnet sind.

Die unter Ziffer 1, 2 und 3 erwähnten Gläubiger, welche als Beteiligte zu dem Subhastationsverfahren gleichfalls zugezogen worden waren, begehrten vorzugsweise Anweisung vor den Hypothekgläubigern und zwar ein jeder auf den Erlös derjenigen Liegenschaft, auf welche sich seine Forderung bezieht. Die unter Ziffer 4, 5, 6 und 7 aufgeführten Hypothekgläubiger verlangten Anweisung in dem ihnen zustehenden Hypothekarrange, die Gläubiger unter Ziffer 5, 6 und 7 insbesondere im Range der Legalhypothek der Ehefrau Klein. Die Gläubiger unter 4, 5 und 7 begehrten Anweisung auf den Erlös sämtlicher versteigerten fünf Grundstücke, der Gläubiger unter Ziffer 6 (Doerr) auf den Erlös der Immobilien A, B, C und D.

Bemerkt wird noch, daß für die Ehefrau Klein selbst, welche eine gerichtliche Gütertrennung gegen ihren Ehemann nicht erwirkte, eine Einschreibung für ihre legalhypothekarischen Ansprüche gegen ihren Ehemann in den Hypothekenbüchern nicht genommen worden ist.

Es wäre nun unter kurzer Begründung anzugeben, in welcher Weise und Reihenfolge die oben angegebenen Versteigerungserlöse unter die sieben Gläubiger, welche im Verteilungsverfahren angemeldet haben, nach Hauptsumme und Zinsansprüchen zu verteilen seien, wobei auch anzugeben wäre, wie die Kosten der Immobiliar-Zwangsvollstreckung einschließlich des Verteilungsverfahrens der Verteilungsmasse gegenüber zu behandeln seien.

Zweite Aufgabe
aus dem Zivilrecht.

Der Rentner Paul Weiß in Blieskastel, früher Müller auf der Bliesdalheimer Mühle, verkaufte mit Notariatsakt vom 6. Mai 1886 dem Karl Roth von Gersheim seine vorbesagte, im Banne von Bliesdalheim gelegene Mühle — Pl.-Nr. 600 — nebst mehreren bei derselben gelegenen Grundstücken — Pl.-Nr. 561, 562, 563 und 601. Die Mühle wird durch einen Mühlkanal getrieben, der sein Wasser aus der Blies erhält und unterhalb der Mühle wieder in dieselbe einmündet. In diesen Verkauf wurde ein, dem Verkäufer gleichfalls gehöriges Grundstück, Wiese, mit Plan-Nr. 602 nicht mitbegriffen, das zwischen der Blies und dem Mühlkanale liegt und südlich an die Rückseite der Mühle und die links daneben gelegene Wiese — Pl.-Nr. 601 — angrenzt und das derselbe am 3. Januar 1884 von Franz Grau gekauft hatte. Unterm 2. März 1888 verpachtete sodann Paul Weiß diese letztere Wiese an Otto Schwarz von Bliesdalheim auf mehrere Jahre. Letzterer erhob nun in Gemeinschaft mit Paul Weiß am 16. September 1889 gegen Karl Roth — unter Schätzung des Gesamtwertes des Streitgegenstandes zu 300 Mark — Klage zum Kgl. Amtsgerichte Blieskastel mit der Aufstellung: es stehe dem Paul Weiß, um zu seiner Wiese — Pl.-Nr. 602 — zu gelangen und sie bewirtschaften und benützen zu können, eine Weggerechtigkeit über das Gebiet des Karl Roth zu, und zwar über einen Pfad, der von der an der Mühle vorübergehenden Straße aus längs des Mühlkanals hinauf und dann über einen, an der rechten hinteren Ecke des Mühlgebäudes den Mühlkanal überbrückenden Steg direkt zur Wiese führe, es sei dies jedoch im Verkaufsakte vom 6. Mai 1886 zu erwähnen übersehen worden; Weiß habe aber diesen Weg, der den einzigen Zugang zu dieser Wiese bilde, in gleicher Weise, wie sein Rechtsvorgänger Grau, bis zur Verpachtung derselben an Schwarz, und dieser ebenso bis in die jüngste Zeit, so oft sie es nötig gehabt hätten, offen und ungestört benützt, wie er auch früher von den Besitzern anderer, hinter der Mühle und oberhalb der Wiese des Weiß liegenden Wiesen seit unvordenklicher Zeit benützt worden sei; Kläger Schwarz und damit auch Mitkläger Weiß sei aber unterm 20. September 1888 in der Ausübung dieser Weggerechtigkeit in der Weise gestört worden, daß genannter Roth und dessen Sohn, beide mit Stöcken bewaffnet, in drohender Haltung dem Kläger Schwarz bei einem neuerlichen Versuche desselben, den Pfad zur Wiese zu betreten, den Weg verstellt und unter Beschimpfungen und Drohungen ihn von dem Betreten des Pfades gehindert, auch unmittelbar nach dessen Entfernung, das ist am nämlichen Tage noch, den besagten Steg beseitigt hätten; infolge dessen habe das noch ausstehende Gras im Schätzungswerte von mindestens 10 Mark nicht abgemäht und heimgebracht werden können.

Kläger begehrten deshalb Schutz im Besitze der gedachten Weggerechtigkeit, sofortige Wiederherstellung des Steges, ein Verbot jeder weiteren Störung, und Kläger Schwarz verlangte überdies eine Entschädigung von 10 ℳ für das zu Verlust gegangene Gras.

Der Beklagte bestritt die Klage als unzulässig und unbegründet, indem er im wesentlichen vorbrachte: beide Kläger könnten nicht zugleich im Besitze des vermeintlichen Wegerechts, das aber in der That nicht existiere, noch je existiert habe, sich befinden, es sei aber jedenfalls keiner von ihnen im Besitze desselben, Weiß thatsächlich nicht und Schwarz rechtlich nicht, und könnten sie also auch nicht eine Besitzklage anstellen; es sei Sache des Weiß gewesen, beim Verkaufe des Mühlanwesens an ihn, Roth, sich eine Weggerechtigkeit, wie solche beansprucht werde, vorzubehalten, falls sich nunmehr ein Bedürfnis hiefür herausgestellt habe, was er, Roth, jedoch bestreiten müsse; die Zufahrt zur Wiese sei nämlich von jeher und bis in die neuere Zeit auf einem noch bestehenden guten Feldwege durch eine Furth im Mühlkanale — wodurch früherhin einmal ein öffentlicher Weg über den obern Teil dieser Wiese und die Blies geführt haben soll — genommen und umgekehrt das Gras, Heu und Ohmet aus der Wiese auf diesem Wege abgefahren worden; auch er, Roth, wolle diese Benützung der Furth begünstigungsweise bis auf weiteres gestatten; wenn Kläger Weiß, ein bisheriger Freund von ihm, oder dessen Angehörige und Dienstleute hie und da über den fraglichen Pfad und Steg gegangen wären, so sei dies nur vergünstigungsweise geschehen, den Mitkläger Schwarz oder dessen Leute habe er dagegen bis in den September 1888 hinein nie diesen Weg nehmen sehen, und als er dies am 15. September 1888 zum erstenmale wahrgenommen, habe er es für die Zukunft untersagt, und als Schwarz die Benützung des Weges bald darauf wieder habe versuchen wollen, habe er, Roth, dies allerdings nicht geduldet und sofort die Stegplatte beseitigt; Schwarz könne ja auch seinen Weg über die oben an die Weißsche Wiese angrenzende Wiese seines

Sohnes Jakob Schwarz mit Pl.-Nr. 603 nehmen, indem dort seit neuerer Zeit vom besagten Feldwege aus eine Überfahrt über den Mühlkanal bestehe, die der Rechtsvorgänger des letzteren, Johann Blau, noch im Spätherbste 1888 kurz vor seinem Ableben von ihm, Roth, vertragsmäßig erworben habe; jedenfalls gehe den Klägern das Erfordernis des ruhigen Jahresbesitzes ab, da er denselben beziehungsweise dem Schwarz schon vor der Entfernung des Steges, welche den Anlaß zur Klage geboten, die Benützung des Pfades und Steges, wie erwähnt, untersagt habe; seit dieser Störung sei bis zur Klagezustellung aber mehr als ein Jahr verstrichen und deshalb die Klage verspätet, ganz eventuell wolle er, Roth, zur Vermeidung größerer Kosten die Schadensberechnung für das dem Kläger Schwarz entgangene Gras nicht beanstanden.

Bei der ersten mündlichen Verhandlung der Sache gaben die Kläger auf Befragen zu, daß sie nicht im Besitze eines Erwerbstitels für die angesprochene Dienstbarkeit seien, behaupteten dagegen, daß diese durch Ersitzung erworben sei, und bemerkten noch, die fragliche Furth sei wegen ihres regelmäßig hohen Wasserstandes von zirka zwei Fuß Tiefe und dazu noch wegen ihrer ziemlich hohen und steilen Ufer selbst für Fuhrwerke ganz unpassierbar; ein Wegerecht über dieselbe für die Wiese Pl.-Nr. 602 oder die oberhalb gelegenen Wiesen habe aber auch nie bestanden. Ferner gab Kläger Schwarz noch die Erklärung ab, daß er gesetzlicher Vermögensverwalter seines Sohnes Jakob sei und daß dieser die Wiese Pl.-Nr. 603 Ende Dezember 1888 von seinem gewesenen Pathen Blau durch Vermächtnis überkommen habe, bemerkt jedoch, er habe von dem angeblichen Vorfalle vom 15. September 1888 keine Kenntnis.

Bei der sodann verordneten gerichtlichen Augenscheinseinnahme ergab sich die Lage und Beschaffenheit der betreffenden Örtlichkeiten, wie sie in nachstehendem Plänchen gezeichnet ist:

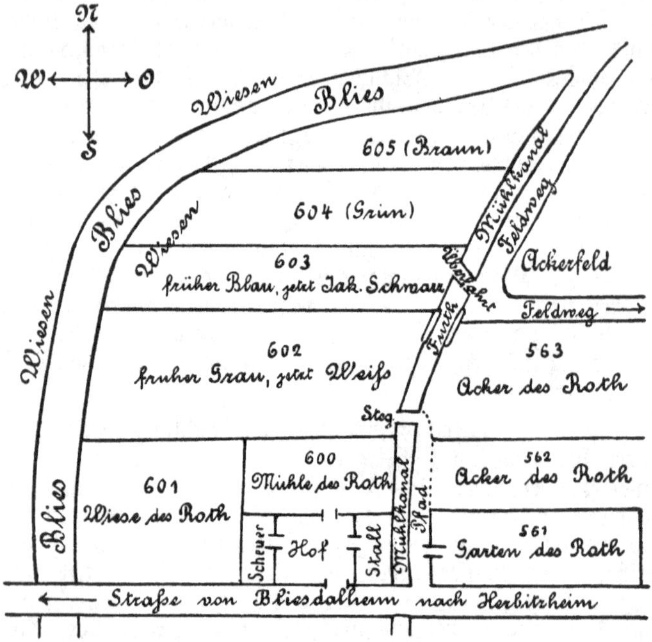

Es wurde dabei insbesondere noch folgendes konstatiert:

Der dem Beklagten Roth eigentümlich gehörige Mühlkanal ist $1,_{20}$ m breit und 1 m tief. Der Wasserstand darin ist zur Zeit $0,_{70}$ m und nur in der Mitte der Furth, an deren tiefsten Stelle, $0,_{45}$ m hoch. Die beiderseitigen Neigungen der Furth zum anstoßenden Feldwege einer- und zur Wiese Pl.-Nr. 602 anderseits sind ziemlich steil, so daß ein Passieren der Furth mit Fuhrwerken beschwerlich, jedoch nicht unmöglich erscheint. Der Feldweg, der in die Straße von Bliesdalheim nach Herbitzheim ausmündet, ist durchschnittlich $1,_{50}$ m breit und in gutem Zustande. Die Länge des strittigen Pfades, der ganz auf dem Eigentume des Beklagten — Pl.-

Nr. 561, 562 und 563 — sich hinzieht, beträgt 30 Schritte und dessen Breite 0,40 m. An der unbestrittenen Stelle des fraglichen Steges befinden sich zur Zeit noch an den beiderseitigen senkrecht abfallenden Ufern des Mühlkanals je ein im Boden — beiderseits noch Eigentum des Beklagten — feststehender, behauener Stein von 0,35 m Breite und 0,15 m Dicke, und auf diesen beiden Steinpfosten ruhte nach übereinstimmender Angabe der Parteien eine etwa 0,14 m dicke, behauene Steinplatte von gleicher Breite, wie die ersteren. Die Brücke zur Überfahrt von besagtem Feldwege in die Wiese Pl.-Nr. 603 zeigt einen sehr guten, anscheinend noch fast neuen Zustand.

Die angeordnete Zeugenvernehmung ergab im wesentlichen folgendes:

Seit länger als 40 Jahren und bis zum Spätherbste 1883 hatte bei gleichem Zustande der Örtlichkeiten, wie jetzt, der vormalige Eigentümer der Wiese Pl.-Nr. 602, Grau, sowie dessen Angehörige und Dienstleute, ohne jemals den damaligen Nachbarn Weiß, als Eigentümer des heute streitigen Pfades und Steges, zu fragen, alljährlich mehrmals bei jeweiligem Bedürfnisse zu verschiedenen Tageszeiten in ruhiger Weise und ungestört diesen Pfad und Steg zu und von jener Wiese zum Gehen behufs wirtschaftlicher Behandlung der Wiese und zum Verbringen von Traglästen Gras, Heu und Ohmet daraus benützt, welche Erzeugnisse dann in der Regel auf einen, am Ausgange des Pfades auf der Straße bereit gehaltenen Wagen verladen wurden. Ganz in gleicher Weise und zum nämlichen Zwecke benützten Kläger Weiß und die Seinigen und dessen Dienstleute seit dem Verkaufe der Mühle an Roth bis zum 12. September 1887, das ist dem Tage der beendeten Ohmeternte jenes Jahres, den strittigen Pfad und Steg, wogegen von da an und bis zum Tage der Verpachtung der Wiese an Kläger Schwarz ein besonderer Anlaß zum Gehen auf die Wiese sich nicht bot und, während Weiß Alleineigentümer des ganzen Güterkomplexes war, dieser das Heu und Ohmet von der Wiese über die anstoßende

Wiese mit Pl.-Nr. 601 auf die Straße abfahren ließ, jedoch zum Gehen in die und aus der Wiese Pl.-Nr. 602, sowie zum Holen einzelner Tragläste Gras hieraus auch den Pfad und Steg zu benützen pflegte. Auch Mitkläger Schwarz, der bei Abschluß des Pachtvertrags auf die angeblich bestehende Notweggerechtigkeit vom Verpächter Weiß aufmerksam gemacht worden war, wurde — nachdem infolge einer am 25. Mai 1888 stattgehabten Wassersflut die Wiese Pl.-Nr. 602 überschwemmt und dadurch das darauf gestandene Heugras vollständig zu grunde gerichtet worden war — am Vormittage des 2. Juni darauf zum erstenmale gesehen, wie er in Begleitung seiner Angehörigen über den streitigen Pfad und Steg in diese Wiese ging, diese vom eingeflößten Sand und Gerölle reinigte, auch den Rückweg wieder über den Steg und Pfad nahm, den Sand und das Gerölle aber mit einem Wagen über die gedachte Furth wegschaffen ließ. Auch dessen Sohn Peter wurde in den Monaten August und September 1888 öfter, zuletzt am 10. September 1888 gesehen, wie er unbehelligt je eine Traglast Ohmetgras aus jener Wiese über den streitigen Steg und Pfad nach der Straße trug. Als der letztere am 15. desselben Monats diese Bethätigung wiederholt hatte und gerade wieder auf die Straße herausgetreten war, kam der Beklagte Roth hinzu, stellte ihn zur Rede und bedeutete ihm, daß er und die Seinen künftighin das Betreten des Pfades zu unterlassen, da sie hiezu kein Recht hätten. Ohne etwas darauf zu erwidern, entfernte sich damals Peter Schwarz. Endlich, als Kläger Schwarz selbst am 20. September darauf einen neuerlichen Versuch zur Benützung dieses Zuganges zu jener Wiese machen wollte, wurde er auf die in der Klage geschilderte Art und Weise vom Beklagten und von dessen Sohn daran gehindert.

Es ist nun unter gehöriger Begründung und unter Würdigung sämtlicher Parteiauslassungen, sowie etwaiger weiterer hier einschlägiger Gesichtspunkte, welche nach der

Prozeß- und insbesondere Beweislage geltend gemacht werden könnten, Entscheidung zu treffen.

Praktischer Fall
aus dem Justizfache.

Aus nachstehenden Prozedurakten und nach Maßgabe der darin niedergelegten Bemerkungen ist ein landgerichtliches Urteil in der Form einer Ausfertigung mit allen vom Gesetze vorgeschriebenen äußeren und inneren Erfordernissen, sowie mit einer dem Gesetze entsprechenden Entscheidung abzufassen.

Zum
Kgl. Landgerichte Landau.
Zivilkammer.

Klageschrift

für

das Bankhaus A. Reich in Speyer, vertreten durch seinen Inhaber Adolph Reich, Bankier, in Speyer wohnhaft, Kläger, durch den unterzeichneten, hiemit für dasselbe aufgestellten Prozeßbevollmächtigten, Rechtsanwalt Rasch in Landau, vertreten,

gegen

1. Wendelin Dick, Geschäftsmann, in Kandel wohnhaft,
2. Ulrich Groß, Landwirt und
3. dessen gewerblose Ehefrau Gertrud Klein, beide in Wörth wohnhaft, Beklagte,

wegen Anfechtung eines Akts und Forderung;

Wert des Streitgegenstands: 1600 ℳ.

Zufolge gehörig registrierten Akts unter Privatunterschrift vom 25. August 1878 kauften die genannten Eheleute Groß von Heinrich Kurz, früher Landwirt in Wörth, eine Reihe von Liegenschaften um den Gesamtpreis von 18000 ℳ, zahlbar in drei Terminen und gleichen Teilen am 11. November 1878, 2. Januar 1880 und 2. Januar 1881 ohne Zinsen bis zu den einzelnen Verfalltagen und mit Verzugszinsen im Falle säumiger Zahlung, und zwar an den hiezu bestellten Gelderheber, obgenannten Wendelin Dick, welcher beim Akte zugegen war und diese Mission (mit Rücksicht auf die von ihm mit beiden Teilen schon gemachten vielfachen Geschäfte) unentgeltlich annahm. Im Akte ist noch bemerkt, daß auf den verkauften Liegenschaften eine Hypothekarschuld des Verkäufers von 6000 ℳ, verzinslich zu 5 %, noch vom 2. Januar 1878 an zu Gunsten des Rentners Ernst Lang in Landau zufolge Urkunde des K. Notars Treu in Landau vom 2. Januar 1877, inskribiert am 18. Januar darauf ruhe, und wurde dabei vereinbart, daß diese Schuld durch Vermittlung des Gelderhebers Dick von je der Hälfte der fällig werdenden 2. und 3. Kaufpreistermine zu decken sei, daß aber die Käufer aus dem Bestehen dieser Hypothek keinen Einwand hinsichtlich der Abtragung des ersten Termins erheben könnten.

Mittels Urkunde des K. Notars Fest in Speyer vom 8. März 1884 haben sodann Eheleute Groß zu Gunsten des klägerischen Bankhauses eine Kredithypothek bis zum Höchstbetrage von 20000 ℳ errichtet und wurde auf grund derselben vom Kreditgeber am 12. desselben Monats hypothekarische Einschreibung auf die sämtlichen, durch beregten Privatakt vom 25. August 1878 gekauften Liegenschaften genommen. Am Schlusse jener Urkunde ist gesagt: „Auf die Pfandobjekte sind noch einige Privilegien abzutragen, von denen Kreditgeber Kenntnis hat, welcher solche abtragen wird.“

Bei Errichtung dieser Kreditobligation ging das klägerische Bankhaus nach den ihm von den Kreditnehmern gemachten Mitteilungen und nach Einsicht der ihm vorgelegten Akten und insbesondere des besagten Kaufaktes vom 25. August 1878, worauf die Quittungen des im Akte bezeichneten Gelderhebers Dick über bezahlten I. und II. Kaufpreistermin samt betreffenden rückständig gebliebenen Zinsen und Verzugszinsen und über drei Abschlagszahlungen auf den III. Termin von zusammen 1600 ℳ standen, von der Voraussetzung aus, daß die dem Kaufpreis-Privilegium des Kurz gegen Eheleute Groß im Range vorgehende Hypothekenschuld des Kurz an Lang von 6000 ℳ um den Betrag der Hälfte des II. Termins des Güterkaufpreises und der bereits erfolgten Zahlungen auf den III. Termin mit 1600 ℳ und ebenso auch jenes Kaufpreisprivilegium schon in großem Maße herabgemindert und sein eigenes Risiko bei der Kreditgewährung daher nicht groß sei.

Nach Schuldanerkennung vor genanntem Notar Fest vom 8. Juni 1887 betrug die Schuld der Eheleute Groß an das klägerische Bankhaus zufolge vorbesagter Kreditobligation 15000 ℳ nebst 6 % Zinsen vom 1. Januar 1887 an, sofort zahlbar, welche jedoch heute noch nicht ganz getilgt ist.

Unterm 11. Januar 1885 erhob, wie das klägerische Bankhaus allerdings erst später erfuhr, genannter Dick gegen dieselben Eheleute Groß zum K. Landgerichte Landau eine Forderungsklage, worin Dick Verurteilung der Beklagten zur Zahlung von 1650 ℳ 40 ₰, worunter 600 ℳ für von ihm zur Entlastung derselben bei genanntem Rentner Lang ausgelegte Zinsen „einer Hypothekarschuld von 6000 ℳ, welche von Heinrich Kurz, früher Landwirt in Wörth, jetzt Privatmann in Bergzabern, auf die Eheleute Groß übergegangen ist," verlangte. Eheleute Groß stellten zur Bestreitung dieser Forderungsklage, in der auch die obige Kaufpreisschuld von 18000 ℳ zur Sprache kam, damals unter anderem auf, daß sie dem Kläger Dick nichts mehr schuldig seien, da sie auf den Kaufpreis der gedachten Liegenschaften „mit Rücksicht auf den von Dick behaupteten unveränderten Fortbestand der Hypothek Lang von 6000 ℳ" bereits mehr bezahlt hätten, als sie schuldig seien. Es kam jedoch zur Beilegung dieses Rechtsstreites unterm 2. April 1885 ein Vergleich zu stande, inhaltlich dessen Dick anerkannte, eine Summe von 1600 ℳ über den durch Eheleute Groß bereits vorher entrichteten Kaufpreisteil für die zwei ersten Termine von zusammen 12000 ℳ hinaus erhalten zu haben, jedoch unter den Parteien zugleich verabredet wurde, daß diese Mehrzahlung von 1600 ℳ auf die Forderungen des Dick verrechnet werde, „die auf besonderen Schuldscheinen und Quittungen von bezahlten Zinsen an Rentner Ernst Lang in Landau beruhen.“ Dick mußte dabei zugestehen, daß er trotz übernommener Verpflichtung weder die Hälfte des zweiten Termins mit 3000 ℳ, noch die zugestandene Mehrzahlung von 1600 ℳ zur Deckung der Hypothekarschuld des Kurz an Lang verwendet habe. Im übrigen übernahmen die Eheleute Groß in jenem Vergleiche die direkte Zahlung dieser letzteren Schuld von 6000 ℳ an Lang.

Unterm 10. November 1886 kündigte nun Rentner Lang seinem Schuldner Kurz die wider alles Erwarten noch ganz geschuldete Forderung von 6000 ℳ mit den vom 2. Januar 1884 an rückständig gebliebenen Zinsen, und Verkäufer Kurz ließ darauf seinerseits den Käufern, Eheleuten Groß, Zahlungsaufforderung wegen des restierenden III. Kaufpreistermins mit Zinsen vom 2. Januar 1881, unter Androhung der vertragsmäßig bedungenen Wiederversteigerung der Kaufobjekte im Nichtzahlungsfalle, zustellen. Daraufhin sah sich das klägerische Bankhaus, um seine eigenen Hypothekarrechte zufolge gedachter Kreditobligation thunlichst zu retten, veranlaßt, unterm 15. Januar 1877 die ganze Schuld mit, inbegrifflich der Zinsen und Kosten, 6950 ℳ an den Rentner Lang gegen Quittung mit Einsetzung in alle dessen Rechte zu bezahlen.

Nach Maßgabe dieser Thatsachen kann es nicht angehen, daß die wohlerworbenen Rechte des klägerischen Bankhauses durch die geschilderte gemeinsame Handlungsweise der Beklagten geschädigt werden, wie das bei den sehr ungünstigen Vermögensverhältnissen der Eheleute Groß und des Kurz, wenn es sich an diese zu halten gezwungen werden würde, unausbleiblich wäre und teilweise schon geschehen ist. Die vom klägerischen Bankhause vollzogene Zahlung der Hypothekschuld von 6000 ℳ mit Zinsen an Lang oder, was gleichbedeutend ist, des dritten Kaufpreistermins mit rückständigen Zinsen erfolgte zur Entlastung, sei es nun des Kurz oder sei es der Eheleute Groß. Beklagter Dick, der die fraglichen 1600 ℳ von letzteren zur Zahlung an Lang empfing, ist deshalb verpflichtet, das, was er zu Unrecht dem klägerischen Bankhause entzogen hat oder zu entziehen beabsichtigte, zurückzugeben oder zu ersetzen.

Unter Zugrundelegung der von Eheleuten Groß an Dick geleisteten und ihnen quittierten Zahlungen hat dieser im ganzen 1600 ℳ zu viel auf den Kaufpreis erhalten und für sich verwendet, und zwar am 2. Januar 1881 200 ℳ, am 28. desselben Monats 800 ℳ und am 5. Februar darauf 600 ℳ, und hat diese Beträge mit laufenden gesetzlichen Zinsen seit diesen Zahlungstagen an das klägerische Bankhaus herauszuzahlen und ist zu diesem Behufe der erwähnte Vergleich vom 2. April 1885 dem letzteren gegenüber für wirkungslos zu erklären.

Die Klage ist zugleich gegen Eheleute Groß gerichtet, weil nur diesen und dem Dick, als den damaligen Prozeß- und Vergleichsparteien, gegenüber die Bedeutung des Vergleiches festgestellt werden kann. Die Beklagten werden, da sie gütliche Erledigung der Sache verweigern, hiemit vorgeladen, an dem aus untenstehender Verfügung des Herrn Präsidenten ersichtlichen Termine vor der Zivilkammer des K. Landgerichts Landau zu erscheinen, und aufgefordert, einen bei diesem Gerichte zugelassenen Rechtsanwalt zu ihrer Vertretung zu bestellen. Das klägerische Bankhaus wird beantragen:

Es gefalle dem K. Landgerichte, indem es den zwischen den Beklagten unterm 2. April 1885 abgeschlossenen Vergleich als dem klägerischen Bankhause gegenüber rechtsunwirksam erklärt, den Beklagten Dick zu verurteilen, an das klägerische Bankhaus den auf den Güterkaufpreis der Mitbeklagten Eheleute Groß von diesen an den Beklagten Dick in Gemäßheit Privatakts vom 25. August 1878 über die

Summe von 12000 ℳ hinausbezahlten Betrag von 1600 ℳ mit Zins zu 5 % und zwar aus 200 ℳ vom 2. Januar 1881, aus 800 ℳ vom 28. Januar 1881 und aus 600 ℳ vom 5. Februar 1881 an herauszubezahlen und die Beklagten solidarisch in die Prozeßkosten zu verfällen, — alle weiteren Rechte und Anträge ausdrücklich vorbehalten.

Landau, den 20. September 1890.

Rasch, Rechtsanwalt.

Zur mündlichen Verhandlung über vorstehende Klage wird die öffentliche Sitzung der Zivilkammer des K. Landgerichts dahier vom 4. Dezember 1890 bestimmt.

Landau, den 23. September 1890.

Der Vorsitzende der Zivilkammer des K. Landgerichts.
Winter, K. Landgerichtspräsident.

Bemerkung: Die Klageschrift wurde den Beklagten durch Akt des K. Gerichtsvollziehers Spring in Landau vom 24. September 1890 und bezw. (allen Beklagten) durch die Post am folgenden Tage in gehöriger Weise zugestellt.

Klagebeantwortung

für

Wendelin Dick, Geschäftsmann, in Kandel wohnhaft, Beklagten, durch Rechtsanwalt Klug in Landau als Prozeßbevollmächtigten vertreten,

gegen

das Bankhaus Ad. Reich in Speyer, vertreten durch seinen Inhaber Adolph Reich, Bankier, daselbst wohnhaft, Kläger, durch Rechtsanwalt Rasch vertreten,

und gegen

Ulrich Groß, Landwirt, und dessen gewerblose Ehefrau Gertrud Klein, beide in Wörth wohnhaft, Beklagte.

Die Klage wird nach jeder Richtung bestritten.

Der Beklagte Dick forderte an die Mitbeklagten Eheleute Groß für mehrere denselben gemachte Darlehen, Wiesenpacht und zur Entlastung derselben an den Rentner Ernst Lang in Landau unterm 2. Januar 1383 und 2. Januar 1884 bezahlte Zinsen der Kurzschen Hypothekschuld mit je 300 ℳ, also zusammen 600 ℳ und laufenden Zinsen aus den einzelnen Beträgen im ganzen 1650 ℳ 40 ₰; wie das alles im einzelnen in seiner seinerzeitigen Forderungsklage vom 11. Januar 1885 ausgeführt und berechnet wurde und worauf ja Kläger selbst Bezug genommen hat und wohl nicht bestreiten wird, was übrigens nötigenfalls des näheren bewiesen werden kann. Da die Vermögensverhältnisse der Eheleute Groß immer mehr in Rückgang kamen oder zu kommen schienen -- sie hatten dies bestritten — erwirkte Dick am 30. Dezember 1884 gegen dieselben Arrest in deren Mobiliarvermögen und erhob dann die vorgedachte Klage auf Zahlung jenes Gesamtbetrages von 1650 ℳ 40 ₰.

Eheleute Groß bestritten die Klage aus verschiedenen Gründen und, was hier allein in Betracht kommt, insbesondere deshalb, weil Dick nach ihrer Ansicht verpflichtet gewesen wäre, die verschiedenen Zahlungen und Fuhren, welche sie ihm gemacht hatten, auf sein Guthaben an sie zu verrechnen, statt, wie er gethan, größtenteils auf den III. Termin des Kaufpreises der von Kurz erworbenen Liegenschaften zu quittieren. Dick hatte demgegenüber aufgestellt, daß er jene Zahlungen der Eheleute Groß auf ihre Kaufpreisschuld bei Kurz oder bezw. auf die Forderung des Lang habe vornehmen wollen, weil er von den Eheleuten Groß, als den Schuldnern, nicht ermächtigt gewesen sei, diese Zahlungen — die Aufrechnung der Fuhrlöhne hatte er als ungerechtfertigt bekämpft — auf seine persönliche Forderungen an sie gutzuschreiben. Eheleute Groß behaupteten damals noch, die fragliche Forderung des Lang sei durch das Bankhaus A. Reich in Speyer in der Kreditobligation vom 8. März 1884 bereits abzutragen übernommen worden, und mit Rücksicht hierauf gelte dieselbe dem Dick gegenüber als bezahlt — in der Klageschrift scheint dieser Punkt mißverstanden zu sein —, weshalb Dick ihre, der Eheleute Groß, Zahlungen nur auf seine persönlichen Ansprüche an sie verrechnen dürfe. Die an Dick von Groß bezahlten, hier fraglichen Beträge von 200, 800 und 600 ℳ, also zusammen 1600 ℳ, hatte derselbe am 5. Februar 1881 dem Rentner Lang überschickt, dieser schrieb ihm aber andern Tages unter Rücksendung des Geldes zurück, daß er sich auf Teilzahlungen nicht einlasse. Erst dem Vergleiche nachgängig stellte es sich allerdings heraus und hat das Bankhaus Reich dem Dick auf dessen Anfrage dies geschrieben, daß dasselbe damals und zur Zeit des späteren Vergleichs in der That die Zahlung jener Hypothekschuld noch nicht übernommen hatte. Das klägerische Bankhaus hatte danach zur Zeit des besagten Vergleichs mit der gegenwärtigen Sache noch gar nichts zu thun, es hatte lediglich den Eheleuten Groß einen Kredit gegen hypothekarische Sicherheit eröffnet und war es seine Sache, sich in dieser Hinsicht mit denselben auseinander zu setzen, und wenn es infolge dieser unvorsichtigen Kreditgewährung zu Verlust kam, so hat es sich dies selbst zuzuschreiben, kann aber keineswegs den heutigen Beklagten Dick dafür verantwortlich machen. Aber auch Rentner Lang hat bei dem Kaufvertrage vom 25. August 1878 für seine Forderung an Kurz keine Anweisung erhalten, überhaupt dabei nicht mitgewirkt, auch nachträglich keine Anweisung angenommen und ebensowenig den Dick als seinen Gelderheber aufgestellt. Dessen Interesse hatten die Beklagten also auch nicht wahrzunehmen.

Bei dieser Sach- und Rechtslage kann doch von einer dolosen oder fraudulösen Handlungsweise der Beklagten oder doch wenigstens des Dick mit der Absicht der Gläubigerbenachteiligung — was die wesentliche Voraussetzung der Anfechtungsklage nach dem Anfechtungsgesetze bildet — bei dem angefochtenen Vergleiche nicht die Rede sein. Dick war vielmehr zu der seitens der Eheleute Groß gewollten Kompensation der beiderseitigen Forderungen vollberechtigt. Hat er doch durch den Vergleich seine Rechte aus dem gedachten Arreste, wodurch seine Ansprüche an Eheleute Groß genügend gedeckt gewesen wären, aufgegeben und anderseits waren die letzteren befugt, die von Lang zurückgewiesenen Gelder, unter Widerruf ihres in dem Kaufakte vom 25. August 1878 dem Dick erteilten Auftrags, anderweitig zu verwenden und insbesondere zur Befriedigung ihres Gläubigers Dick zu benützen, infolge dessen die betreffenden, auf dem Kaufakte der Eheleute Groß auf den dritten Kaufpreistermin gestellt gewesenen drei Quittungen, die aus Versehen nicht gelöscht wurden, von selbst hinfällig wurden. Wenn nun das klägerische Bankhaus „zur Entlastung, sei es des Kurz oder sei es der Eheleute Groß," wie es sagt, Zahlungen geleistet hat, so folgt also daraus keineswegs, daß Dick ihm diese Zahlungen zu ersetzen habe, noch weniger läßt sich daraus ableiten, daß der besagte Vergleich für rechtsunwirksam zu erklären ist. Bei diesem Vergleiche hat das klägerische Bankhaus nicht mitgewirkt und berührt derselbe seine Rechte nicht; es fehlt dem letzteren sonach die Sachlegitimation zu einem Antrage auf Aufhebung dieses Vergleichs, und erscheint dieser Antrag überhaupt unbegründet. Wenn Dick die von ihm begehrte Herauszahlung leisten müßte, so würde er um sein ganzes Guthaben gebracht.

Für den Fall, daß aber der Vergleich für ungiltig erklärt würde, macht Dick die Kompensation der von ihm auf die Hypothekschuld des Kurz an Lang bezahlten Zinsen im bezeichneten Gesamtbetrage von 600 ℳ nebst laufenden Zinsen aus je 300 ℳ vom 2. Januar 1883 und bezw. 2. Januar 1884 mit der etwa zugesprochen werdenden Summe geltend.

Unter allen Umständen könnten die über 5 Jahre rückständigen, also verjährten Zinsen aus den eingeklagten Teilbeträgen nicht gefordert und überhaupt nur Zinsen vom Tage der Verwendung dieser Beträge durch Dick, das ist dem Tage des beregten Vergleichs, begehrt werden.

Der Beklagte Dick stellt hienach den Antrag:

Es gefalle dem K. Landgerichte, die Klage wegen mangelnder Aktivlegitimation des klägerischen Bankhauses oder als unbegründet kostenfällig abzuweisen. — Weitere Anträge nötigenfalls vorbehalten.

Landau, den 18. Oktober 1890.

Klug, Rechtsanwalt.

Erwiderungsantrag

für

das Bankhaus A. Reich in Speyer rc.

gegen

1. Wendelin Dick, Geschäftsmann, in Kandel wohnhaft, durch Rechtsanwalt Klug vertreten,
2. Ulrich Groß, Landwirt, und
3. dessen Ehefrau Gertrud Klein, beide in Wörth wohnhaft, Beklagte, die beiden letzteren nicht vertreten.

Auf die Klagebeantwortung des Beklagten Dick entgegnet das klägerische Bankhaus folgendes:

Es ist vollkommen gleichgiltig, welche Beträge der Beklagte Dick im Jahre 1885 an Eheleute Groß zu besprechen hatte. Das klägerische Bankhaus hat kein Interesse, die vergleichsweise auf 1600 ℳ festgestellte Forderung des Dick zu beanstanden. Denn Dick war Gelderheber des Kurz und muß zugeben, daß er bestimmungswidrig die Hypothekschuld des letzteren an Rentner Lang nicht deckte, vielmehr den Eheleuten Groß die Zahlung dieser Schuld durch den Vergleich vom 2. April 1885 überwies und überdies Kaufpreisgelder im Gesamtbetrage von 1600 ℳ, welche er von Groß zur teilweisen Deckung jener Hypothekarschuld vereinnahmte und auf dem Großschen Kaufakte ebenso, wie die 2 ersten Termine von je 6000 ℳ, quittierte, nicht an den Hypothekargläubiger Lang ablieferte, sondern rechtswidrig auf seine persönliche Forderung an Eheleute Groß wettschlug. Dies durfte er um so weniger thun, als er, wie das klägerische Bankhaus jetzt erst erfahren hat, schon am 20. Dezember 1880 mit Kurz über die — übrigens hinsichtlich der Hälfte des II. Termins auch nicht vertragsgemäß — bereinigten 2 ersten Termine abgerechnet, sie hiebei mit seinen damaligen Gegenansprüchen an Kurz verrechnet hatte und dabei nochmals den Auftrag erhielt und annahm, die ganze Hypothekarschuld bei Lang, allerdings nunmehr mit dem noch zu erhebenden III. Kaufpreistermin, alsbald zu decken. Der diesen Vereinbarungen zuwider abgeschlossene Vergleich vom 2. April 1885 ist also wirkungslos.

Dieser Vergleich ist aber auch als von Rechtswegen aufgelöst zu betrachten, weil Eheleute Groß, welche darin die Verbindlichkeit übernommen hatten, die ganze Hypothekarschuld an Lang samt Zinsen innerhalb 6 Monaten zu tilgen, dies unterließen und so eine wesentliche Bedingung des Vergleichs nicht erfüllten.

Nachdem nun das klägerische Bankhaus die ganze Hypothekarschuld des Kurz an Lang abgetragen hat, ist es deshalb und vermöge der Subrogationsquittung berechtigt, sowohl die Aufhebung oder Auflösung des besagten, dem klägerischen Forderungsbegehren entgegenstehenden Vergleichs zu verlangen, als das von Groß an Dick auf den dritten Kaufpreistermin bezahlte Geld, 1600 *M*, von letzterem zu reklamieren.

Das klägerische Bankhaus ist aber auch kraft eigenen Rechts zu diesem Begehren befugt. Denn, indem es die Langsche Forderung bezahlte, handelte es zugleich als Geschäftsführer des Dick, soweit dieser die fraglichen, zur teilweisen Tilgung jener Forderung bestimmten 1600 *M* in Händen hatte, und kann sich also diesen Betrag von Dick zurückersetzen lassen.

Es besteht aber noch ein weiterer Rechtsgrund für diesen Rückersatz. Das Bankhaus hatte nämlich in Gemeinschaft mit einem anderen Gläubiger der Eheleute Groß gegen diese im Herbste 1888 das Subhastationsverfahren eingeleitet. Die Zwangsversteigerung, welche auf sämtliche Immobilien der Schuldner und bezw. Drittbesitzer und so insbesondere auf die dem Bankhause verpfändeten sich erstreckte, erfolgte am 7. Januar 1889. Kurz meldete seine rechtlich noch bestehende Restkaufpreisforderung nicht an, da er mangels der Inskription seines Privilegiums und Resolutionsrechtes nicht hiezu aufgefordert worden war; er mochte wohl diese Restforderung wegen der gedachten Absprache bei der Abrechnung mit Dick für getilgt oder im Hinblick auf seine frühere Schuld an Lang für gegenstandslos erachtet haben. Dagegen meldete das klägerische Bankhaus an:

1. Gemäß der Schuldanerkennung der Eheleute Groß vom 8. Juni 1887 seine Kontokorrentforderung von	15000 ℳ,
2. für bezahlte Hypothekforderung des Lang	6950 „
	= 21950 ℳ,
erhielt aber auf grund des anfänglich bestrittenen, dann jedoch allseitig anerkannten Verteilungsplanes vom 6. Juli 1889 ausweislich der ihm erteilten Erhebungsanweisung des K. Amtsgerichts Kandel vom 27. Juli 1890 nur Anweisung auf	12500 ℳ,
und zwar wegen der erstbezeichneten Forderung, so daß er verlor	9450 ℳ,

und darunter gerade die ganze von Lang herrührende Forderung. Wenn also die von Eheleuten Groß an Dick auf den III. Kaufpreistermin bezahlten 1600 ℳ seinerzeit an Lang abgeführt worden wären, so hätte das Bankhaus Reich um so viel weniger an letzteren zu zahlen und dann um ebensoviel weniger Verlust gehabt. Deshalb muß Dick, der dies widerrechtlich oder doch gröblicher Weise verschuldet hat, schon aus dem Grunde der Schadloshaltung (Art. 1382 f. c. c.) den eingeklagten Betrag an dasselbe zahlen, zumal ja die seinerzeitige Zahlung der 1600 ℳ durch Groß an Dick auf den Güterkaufpreis ihre rechtliche Wirkung auch auf die Nachgläubiger der Gemeinschuldner Eheleute Groß, so insbesondere das klägerische Bankhaus, als Inhaber der Kredithypothek, erstreckt hatte, dergestalt, daß Eheleute Groß mit Dick nachträglich nicht mehr anderweitig über das gezahlte Geld zum Nachteile der Nachgläubiger verfügen durften.

Die Anfechtung des beregten Vergleichs insbesondere rechtfertigt sich durch die einfache Betrachtung, daß das Bankhaus Reich durch den Vergleich geschädigt wurde, Eheleute Groß dabei die Absicht hatten, ihre Gläubiger, namentlich dieses Bankhaus zu benachteiligen, und Dick dies wußte und es selbst zu eigenem Vorteile wollte.

Beklagter Dick kann auf keinen Fall die von ihm auf die Hypothekschuld an Lang seinerzeit bezahlten Zinsen von zusammen 600 ℳ mit der heute eingeklagten Summe wettschlagen, weil er damals ausdrücklich und seiner Absprache mit Eheleuten Groß gemäß zur Entlastung der letzteren, und nicht etwa des Kurz, diese Zinsen entrichtet hat.'

Die sämtlichen rückständigen Zinsen aus den drei eingeklagten Beträgen können gefordert werden, weil es sich hier nicht um terminliche Zahlungen, sondern um Zinsen aus Geldern handelt, die der Beklagte Dick widerrechtlich in Händen behielt und sofort bei den einzelnen Zahlungen für sich verwendete.

Diese Ausführung rechtfertigt die Wiederholung des Klageantrags, welcher subsidiär noch dahin erweitert wird, den Vergleich vom 2. April 1885 dem klägerischen Bankhause gegenüber für aufgelöst zu erklären.

Landau, den 3. November 1890.

Rasch, Rechtsanwalt.

Schriftsatz

für

Wendelin Dick, Geschäftsmann, in Kandel wohnhaft, Beklagten, durch Rechtsanwalt Klug als Prozeßbevollmächtigten vertreten,

gegen

das Bankhaus A. Reich in Speyer 2c.

und gegen

Ulrich Groß, Landwirt, und dessen Ehefrau Gertrud Klein, beide in Wörth wohnhaft, Beklagte, nicht vertreten.

Beklagter Dick hält dem klägerischen Erwiderungsantrage gegenüber alle die in seinem Schriftsatze vom 18. Oktober 1890 enthaltenen Aufstellungen und Ausführungen und eventuellen Gegenansprüche aufrecht und fügt noch Nachstehendes bei:

Nachdem, wie allerdings richtig, Beklagter Dick mit Kurz über die zwei ersten Kaufpreistermine am 20. Dezember 1880 Abrechnung gehalten hatte, sollte — im Einverständnisse der Eheleute Groß — die Hypothekschuld bei Lang nunmehr mit dem dritten Termine und zwar nach späterer Vereinbarung beim Vergleiche unmittelbar von den Eheleuten Groß gedeckt werden, und hatte danach Kurz an der weiteren Abwickelung des Schuldverhältnisses kein Interesse mehr. Letzterer hatte sich eben der Erhebung des III. Kaufpreistermins nicht blos thatsächlich, sondern mit rechtlicher Wirkung begeben und deshalb auch keine weiteren Schritte gethan, um eine Einschreibung seines Privilegs in den Hypothekenregistern zu erlangen oder im Range des Resolutionsrechtes des Kurz anzumelden. Lang war vielmehr hienach sachlich und der Wirkung nach der Gläubiger der Eheleute Groß, er hat als solcher die ihm von Dick für die letzteren angebotene Abschlagszahlung oder Teilzahlung nicht angenommen, wozu er gesetzlich befugt war, und konnten deshalb die Eheleute Groß wieder frei über dieses Geld verfügen. Wenn alsdann das klägerische Bankhaus die Hypothek Lang auszahlte, so muß es in den Rechten des Lang auch jene Zurückweisung der Zahlung mit ihren rechtlichen Folgen gegen sich gelten lassen und kann es sich hienach nur an Eheleute Groß halten; die Subrogation in die Rechte des Lang nützt ihm gegenüber dem Kurz nichts, da ja dessen Kaufpreisprivileg durch jene Abrechnung gegenstandslos geworden war und Kurz daher weder Rechte noch Pflichten mehr hatte. Dick hatte somit die von Lang zurückgewiesenen 1600 ℳ zunächst und bis auf weiteres nur als Mittelsmann der Eheleute Groß in Händen, wie er denn auch überhaupt von vornherein im Kaufakte vom 25. August 1878 nur in deren, der Käufer, Interesse als Gelderheber aufgestellt worden war, um den Kaufpreis zur Befreiung der Kaufobjekte von den darauf ruhenden Privilegien und Hypotheken zu verwenden. Daß er etwa zugleich auch Mandatar des Kurz gewesen sein sollte, ist bei dem sich gegenüberstehenden Interesse der beiden Kaufvertragsparteien rechtlich nicht denkbar. Eheleute Groß hatten also nach den gesetzlichen Imputationsregeln zu bestimmen, welche von ihren Schulden sie bei jeweiligen Zahlungen abtragen wollten, und konnten bei Zurückweisung von Zahlungen ihre frühere bezügliche Bestimmung ändern. Dieselben hätten nie geduldet, daß die von Lang nicht angenommenen Gelder dem Kurz eingehändigt würden, sie hätten vielmehr den Dick, falls er dies doch gethan haben würde, dafür verantwortlich gemacht; dieser hätte die 1600 ℳ eigentlich an Eheleute Groß zurückgeben sollen, allein diese waren damit einverstanden, daß er diese Summe einstweilen in Verwahr behalte, bis es ihnen gelinge, dieselbe auf den der Langschen Forderung gleichkommenden Betrag von 6000 ℳ zu ergänzen. Dazu kam es eben nicht und ließen sich Eheleute Groß sogar noch mehrmals bare Darlehen und die zur Entrichtung der rückständigen Zinsen auf die Langsche Forderung benötigten Gelder von Dick vorschießen. Dann folgte die Klage des letzteren gegen Eheleute Groß und zu deren Schlichtung der fragliche Vergleich innerhalb der Rechte der Parteien.

Das klägerische Bankhaus irrt aber auch, wenn es glaubt,

kraft eigenen Rechts Anspruch auf die fraglichen 1600 ℳ zu haben. Denn abgesehen davon, daß seine etwaigen Rechte keinesfalls Forderungen seines Schuldners ergreifen könnten, welche längst vor Entstehung seiner eigenen Forderung infolge Zahlung der Hypothekschuld an Lang existent wurden — übersieht es dabei, einmal, daß eine negotiorum gestio für den Beklagten Dick sich nicht konstruieren läßt, weil eben dieser zu keiner Zeit und jedenfalls nicht zur Zeit jener Zahlung an Lang persönlicher Schuldner des letzteren war, dessen eigentliche Schuldner damals eben nur Eheleute Groß waren, die ja auch gern zur Rückzahlung der ganzen Summe von 6000 ℳ bereit, wenn sie dazu in der Lage wären — und zum andern, daß seine, durch jene Zahlung gerettete eigene Kredithypothek nicht wegen des schon längst gegenstandslos gewordenen Privilegs Kurz, sondern infolge nicht rechtzeitiger Erneuerung der Hypothek Lang im ersten Range zu dem treffenden Betrage zum Zuge gekommen ist. Würde nur das Privilegium Kurz die frühere Belastung der subhastierten Immobilien gebildet und würde letzterer hiefür rechtzeitig Inskription genommen und dasselbe angemeldet haben, so hälte in der einmaligen Unterstellung, daß Dick als Gelderheber von Kurz gehandelt hätte, es sich freilich fragen können, ob den späteren Hypothekargläubigern vielleicht die Einrede zur Seite stehe, daß ein Teil des Privilegiums getilgt sei und nicht wieder aufleben könne, eine Einrede, deren Richtigkeit indes nicht zugegeben werden kann, die sich aber jedenfalls nicht in ein Klagerecht umwandeln könnte. Allein diese Frage ist hier ganz gegenstandslos, weil Kurz im fraglichen Verteilungsverfahren gegen Eheleute Groß nicht angemeldet hat, auch das Bankhaus Reich diesen nicht zur Anmeldung veranlaßte, um dann vielleicht Unteranweisung an dessen Stelle zu erlangen und bezw. auch selbst in dessen etwaigen Rechten nicht anmeldete, und weil dasselbe überdies noch dadurch sich selbst in Schaden gebracht hat, daß es die mittels Subrogation erworbene Hypothek Lang rechtzeitig zu erneuern versäumte, dieselbe erst am 24. Januar 1887 neuerdings inskribieren ließ und dadurch den früheren Rang derselben einbüßte. Übrigens ist ja effektiv gar kein Schaden infolge dieses Versäumnisses ihm erwachsen; denn im Falle es im Range der Langschen Hypothek Anweisung erhalten haben würde, wäre ja seine Anweisung im späteren Range seiner Kredithypothek um den gleichen Betrag gekürzt worden. Auch hat das Bankhaus einen großen Teil der Großschen Liegenschaften bei der Subhastation selbst um billigen Preis gesteigert, so daß es hiedurch für seinen Ausfall nahezu, wenn nicht vollständig gedeckt sein wird.

Unter allen Umständen kann Dick wegen des Vergleichsabschlusses nicht entschädigungspflichtig werden, weil er ja nur, dem Wunsche der Eheleute Groß entsprechend, seine Rechte dabei wahrgenommen hat. Von einem Regresse oder Entschädigungsanspruche desselben kann also aus keinem Gesichtspunkte eine Rede sein. Auf Art. 1382 C. c. könnte solcher vollends auch gar nicht gestützt werden, weil es sich hier höchstens um Verletzung von Mandatspflichten handeln könnte, dann aber ex mandato geklagt werden müßte, aber nur von Seiten des Kurz, der aber, weil uninteressiert, ja gar nicht klagen will, und nicht von seiten des Bankhauses Reich, und wobei zudem eine grobe „faute“ des Dick nachgewiesen werden müßte, welche aber in Wirklichkeit nicht besteht, um solche Klage zu begründen.

Es ist auch unrichtig, wenn Kläger meint, der Vergleich vom 2. April 1885 sei wegen Nichterfüllung von Bedingungen als von Rechtswegen aufgelöst zu betrachten. Das darin niedergelegte Versprechen der Eheleute Groß, selbst und direkt die Hypothekschuld an Lang abzuführen, war keine wesentliche Bedingung des Vergleichs, sondern nur eine aus der vereinbarten Kompensation der beiderseitigen Ansprüche sich ergebende Folge und enthielt eine einfache Zurücknahme des früheren Auftrags der Eheleute Groß an Dick.

Übrigens wäre jedenfalls auch Dick allein zur Auflösung des Vergleichs befugt und zwar nur mittels besonderer

Klage, welche dieser aber, als seinem Interesse zuwider, selbstredend nicht anstellen wird.

Auch vom Gesichtspunkte der Anfechtungsklage ist der klägerische Anspruch nicht gerechtfertigt, denn es fehlen hier, wie oben schon angedeutet und im ersten Schriftsatze des Unterzeichneten näher ausgeführt ist, die Voraussetzungen einer solchen Klage. Übrigens muß die Klage als Anfechtungsklage schon von vornherein angebrachtermaßen abgewiesen werden, da sie nicht das, höchstens allein zulässige Begehren auf Rückgewährung der 1600 ℳ in das Vermögen der Eheleute Groß zum Zwecke der Zwangsvollstreckung enthält. Es wäre aber auch ein allenfallsiger Anspruch auf Rückgewähr, weil jetzt jedenfalls eine rein persönliche Forderung der Eheleute Groß an Dick vorliegen würde, durch die Kompensationseinrede ausgeschlossen.

Aus diesen Gründen

gefalle es dem K. Landgerichte, die Klage, sei es angebrachtermaßen oder als unzulässig, sei es wegen mangelnder Aktivlegitimation des klägerischen Bankhauses oder sei es als unbegründet, mit Kosten abzuweisen; subsidiarisch die Kompensationseinrede für den Betrag von 600 ℳ nebst laufenden Zinsen zu 5 % aus je 300 ℳ vom 2. Januar 1883 und bezw. 2. Januar 1884 für begründet zu erklären und jedenfalls das Zinsbegehren aus dem allenfalls zuerkannt werdenden Betrage, soweit es über 5 Jahre, vom Tage der Klage zurückgerechnet, sich erstreckt, als unbegründet zu verwerfen.

Landau, den 24. November 1890.

Klug, Rechtsanwalt.

Bemerkungen.

Die gewechselten Schriftsätze sind als gehörig zugestellt zu betrachten. Bei der mündlichen Verhandlung der Sache am 4. Dezember 1890 verlasen die durch schriftliche Vollmachten legitimirten Parteivertreter ihre Anträge aus den von ihnen gefertigten und den bezüglichen Sitzungsprotokollen angefügten Schriftsätzen, insbesondere der klägerische Anwalt aus der Klageschrift und der Anwalt des Beklagten Dick aus seinem vorbereitenden Schriftsatze vom 24. November 1890. Dieselben begründeten diese Anträge in ihren mündlichen Vorträgen in thatsächlicher und rechtlicher Beziehung im wesentlichen in gleicher Weise, wie dies in ihren Schriftsätzen niedergelegt ist, wobei insbesondere der klägerische Anwalt den Darlegungen des beklagtischen Anwalts, soweit diese eine Wiederholung des Inhalts des letzten Schriftsatzes vom 24. November 1890 bildeten, nicht sowohl durch Vorbringen neuer Gründe, als mittels Vortrags und näherer Entwicklung der in der Klageschrift und in seinem vorbereitenden Schriftsatze vom 3. November 1890 enthaltenen Ausführungen entgegentrat. Die thatsächlichen Behauptungen der Parteien wurden übrigens wechselseitig zugegeben, soweit sie inhaltlich der vorstehenden Schriftsätze bezw. der denselben entsprechenden mündlichen Vorträge nicht ausdrücklich bestritten wurden oder als hiedurch bestritten anzusehen sind. Beweise über die beiderseitigen thatsächlichen Aufstellungen, soweit diese vom Gegner bestritten sind oder als bestritten zu gelten haben, wurden von keiner Weise angeboten. Die sämtlichen in der Klageschrift und in den vorbereitenden Schriftsätzen angeführten Urkunden und Schriftstücke wurden von den betreffenden Anwälten verlesen.

Abschrift des verlesenen Vergleichs.

Vergleich

zwischen

Wendelin Dick, Geschäftsmann, in Kandel wohnhaft, einerseits

und

Ulrich Groß, Landwirt, und dessen gewerblose Ehefrau Gertrud Klein, beide in Wörth wohnhaft, anderseits.

1.

Die Schuldscheine, die Wendelin Dick von Eheleuten Groß in Händen hat, sowie die Quittungen, die von den

Parteien zu den Gerichtsakten gegeben wurden, werden beiderseits als vollständig richtig anerkannt.

2.

Die beiderseitigen sonstigen Rechnungen für Wiesenpacht und Fuhrlohn werden gegenseitig gestrichen.

3.

Was Eheleute Groß an Dick über 12000 ℳ auf den Kurzschen Güterkaufpreis bezahlt haben, nämlich im ganzen 1600 ℳ, wird auf die Forderungen des Dick, die auf besonderen Schuldscheinen und Quittungen von bezahlten Zinsen an den Rentner Ernst Lang in Landau beruhen und vergleichsweise im ganzen auf 1600 ℳ festgestellt werden, verrechnet.

4.

Eheleute Groß übernehmen die Bezahlung der vollen 6000 ℳ samt Zinsen an genannten Lang und haben innerhalb 6 Monaten dem Dick seine Entlastung seitens des letzteren zu erbringen, so daß dieser keinerlei Ansprüche, die sich auf die Kurzschen Güter beziehen, gegen Dick mehr erheben kann.

5.

Dick nimmt seine, am 11. Januar 1885 gegen Eheleute Groß erhobene Klage sofort zurück und hebt den am 30. Dezember 1884 gegen Eheleute Groß angelegten Arrest in deren Mobiliarvermögen auf. Von den sämtlichen bisherigen Kosten des Prozesses und der Arrestanlage zahlen Eheleute Groß $^3/_4$ und Dick $^1/_4$.

Landau, den 2. April 1885.

gez. Dick. U. Groß. Gertrud Groß.

Probeaufgabe
aus dem katholischen Kirchenrechte.

I. Es ist in gedrängter Kürze eine Darstellung der wesentlichen kirchenrechtlichen Normen über Erwerb und Verlust der katholischen niedern Kirchenpfründen (Pfarreien und andere Benefizien) zu geben.

II. Es sind motivierte Entscheidungen über nachstehende praktische Fälle zu treffen:

1. Bei dem Benefizium in Rötzing wechselt das landesherrliche Besetzungsrecht mit dem Präsentationsrechte des Magistrates Rötzing. Priester Lentulus hatte das Benefizium im Jahre 1887 durch landesherrliche Verleihung erhalten, wurde aber kürzlich von seinem vorgesetzten Ordinariate A auf die Expositur Haidekrug versetzt und trat dieselbe sofort an.

   Bei den Verhandlungen über die Wiederbesetzung des Benefiziums in Rötzing stellte sich heraus, daß Lentulus, welcher eigentlich der Diözese B angehört, auf das Benefizium nicht die kanonische Einsetzung erlangt hatte, weil ihm die Beibringung der Entlassung aus der Diözese B nicht möglich gewesen war, sondern daß er im Jahre 1887 nur die oberhirtliche Admission zur Verwaltung des Benefiziums erhalten hatte und auch von der weltlichen Behörde nur gleich einem Verweser in das Benefizium eingewiesen worden war.

   Ist durch den einfachen Weggang des Priesters Lentulus das Benefizium in Rötzing erledigt, eventuell wer hat dasselbe diesmal zu besetzen?

2. Pfarrer Publius in Obernheim wird von seinem Diözesanbischof wegen Ungehorsams gegen die oberhirtliche Stelle und Dissidien mit seiner Pfarrgemeinde wiederholt vermahnt, da aber diese Ermahnungen erfolglos bleiben, beauftragt, binnen 6 Monaten sein Abkommen auf eine andere Pfründe zu suchen, da er sonst zur Strafe versetzt werden würde. Publius bewirbt sich auch um mehrere Pfarreien, welche ungefähr das gleiche Einkommen, wie die Pfarrei Obernheim gewähren, kann jedoch wegen seiner nicht guten

Qualifikation eine solche Pfarrei innerhalb 6 Monaten nicht bekommen.

Hierauf versetzt ihn der Bischof auf die kleine und entlegene Pfarrei Höhendorf, welche nur ein Reinerträgnis von 1800 ℳ gewährt. Nun erhebt Priester Publius Beschwerde bei dem Metropolitikum und führt an: Das Vorgehen des Bischofs sei kirchenrechtlich unzulässig, da ein Pfarrer nicht ohne vorgängigen kanonischen Prozeß nach den vorgeschriebenen Formen, also nicht ohne ausdrückliche amotion oder privation von seiner Pfründe enthoben werden könne. Da seine Pfarrei Obernheim, abgesehen von sonstiger größerer Annehmlichkeit, gegen 2700 ℳ jährlich Reinertrag gewähre, sei er durch die Versetzung nach Höhendorf auch finanziell schwer geschädigt. Er bitte daher, die bischöfliche Sentenz wolle als nichtig aufgehoben und der Bischof angehalten werden, ihn entweder auf der Pfarrei Obernheim zu belassen oder ihm eine vollkommen äquivalente Pfründe zu verschaffen.

Wie hat das Metropolitangericht zu entscheiden?

3. Der 70jährige und kränkliche Pfarrer Ausonius in Dornach will auf seine Pfarrei resignieren unter der Bedingung, daß
   1. aus der Emeritenanstalt der Diözese ihm die normale Emeritenpension bewilligt;
   2. aus dem Pfründeeinkommen der Pfarrei Dornach, welches einen Reinertrag von jährlich 2300 ℳ abwirft, ihm ein Absent von jährlich 600 ℳ zugesprochen;
   3. sein bisheriger Kaplan, der ihm seit 9 Jahren zur Seite steht, auf die dem landesherrlichen Besetzungsrechte unterstehende Pfarrei Dornach ernannt wird.

   Ausonius richtet an die Kreisregierung und an den Diözesanbischof gleichlautende Vorstellungen, in welchen er unter den angeführten Bedingungen ausdrücklich seine Resignation erklärt.

Welchen Bescheid wird Ausonius von der kirchlichen und weltlichen Stelle erhalten?

Frage
aus dem protestantischen Kirchenrecht.

In Grünstadt, Bezirksamts Frankenthal, einer Gemeinde mit 3668 Einwohnern, von denen die Katholiken mit 2800 ℳ, die Protestanten (ohne die zur protestantischen Kirchengemeinde gehörenden Protestanten der politischen Gemeinden Albsheim und Obersülzen mit 600 resp. 500 ℳ Steuer) mit 2100 ℳ einfacher Staatssteuer neben den Kreisumlagen (39,5 %) und Hebgebühren (3 %) angelegt sind, besteht eine Simultankirche.

Beide Religionsteile sind auf grund des Ryswicker Friedens von 1697 und nach bestätigtem Vergleich von 1751, der übrigens keinerlei nähere Bestimmungen über die beiderseitigen Rechte enthält, an derselben gleichberechtigt und benützen sie zu bestimmter Zeit zum Gottesdienst, wobei sich seit Menschengedenken, jedenfalls schon seit dem 18. Jahrhundert, die Katholiken des im Chor stehenden Hochaltars, die Protestanten regelmäßig eines weiter vorne gegen das Schiff zu angebrachten Altartisches und bei größerer Abendmahlsbeteiligung auch jenes Hochaltars bedienen.

Ende 1889 stellten die Katholiken links neben dem Hochaltar ein Harmonium auf. Vom protestantischen Presbyterium wurde dies als unzulässige Neuerung beanstandet, der Fabrikrat verweigerte jedoch die Entfernung, weil die Aufstellung wegen der Unbrauchbarkeit der auf der Empore befindlichen Orgel habe angeordnet werden müssen und die Katholiken das Recht hätten, diese die Protestanten in ihrem Gottesdienst in keiner Weise beeinträchtigende Einrichtung zu treffen. Übrigens stamme der Hochaltar aus vorreformatorischer Zeit und sei von der katholischen Kirchengemeinde auf ihre Kosten restauriert worden, die Protestanten seien deshalb gar nicht berechtigt, in seine Benützung hineinzureden.

Im Frühjahr 1890 wurde vom Bezirksbauschaffner die Notwendigkeit und Unverschieblichkeit einer Kirchendach-Reparatur konstatiert. Die Kosten betragen 810 ℳ.

Zum Zwecke der laufenden Unterhaltung der Kirche konkurrieren beide Religionsteile wegen Insuffizienz des beiderseitigen Kirchenvermögens seit 1888 nach dem Verhältnis ihrer Gesamtsteuer (d. h. $^7/_{15}$ zu $^8/_{15}$), ohne daß übrigens ein rechtsverbindliches Übereinkommen über den Konkurrenzfuß bestände.

Da die pro 1890 für Baureparaturen und unvorhergesehene Ausgaben budgetierten Mittel durch eine notwendig gewordene Erneuerung eines Teiles des Kirchenpflasters erschöpft sind, wandten sich Fabrikrat und Presbyterium an den Stadtrat Grünstadt, welche Gemeinde statt der früheren Gleichstellungsumlage einen pro 1890 mit 1600 ℳ budgetierten Jahresüberschuß hat, mit dem Antrag auf Übernahme der 810 ℳ.

Am 10. April beschloß der Stadtrat in Anwesenheit von 12 Gemeinderäten:

> den Antrag abzulehnen, weil gemäß Beschlusses am gleichen Tage der ganze Überschuß von 1600 ℳ zur künstlerischen Ausschmückung des Stadthaussaales zu verwenden sei. Für Albsheim und Obersülzen habe Grünstadt überhaupt nichts zu leisten und müsse der Stadtrat schließlich beantragen, die Reparaturkosten durch Erhebung einer $9^1/_2$ %igen außerordentlichen Kultusumlage zu bestreiten.

Der Fabrikrat beschloß nunmehr, $^7/_{15}$ der Kosten = 378 ℳ durch außerordentliche Kultusumlagen aufzubringen. Das Presbyterium, welches inklusive des Pfarrers 11 Mitglieder zählt, verweigerte am 25. April 1890 jede Leistung, weil der Stadtrat sich der Konkurrenzpflicht nicht durch Bewilligung von Luxusausgaben für Gemeindezwecke entziehen dürfe. Im übrigen werde die Erhebung einer Umlage abgelehnt, so lange das Harmonium nicht entfernt sei.

Es hatten sich an diesem Beschlusse 5 von den 10 richtig geladenen Laienpresbytern und der Pfarrer beteiligt. Die Beschlußfassung erfolgte durch Stichentscheid des Vorsitzenden. Drei Laienpresbyter hatten für die $9^1/_2$ %ige Umlage gestimmt.

Dem Beschlusse liegen Zustimmungserklärungen der verstärkten Gemeinderäte Albsheim und Obersülzen bei, welche gleichfalls jede Bewilligung verweigern, die von Albsheim von 4 Gemeinderäten und den 3 dort wohnenden, nicht zum Gemeinderat gehörenden Presbytern, die von Obersülzen von 7 Gemeinderäten, darunter die zwei dort wohnenden Presbyter, beschlossen. Geladen waren zu diesen Sitzungen sämtliche (je 10) Gemeinderatsmitglieder, dann in Albsheim die 3 Presbyter, in Obersülzen außerdem ein dort wohnender beitragspflichtiger Religionsverwandter.

Das Bezirksamt eröffnete mit Verfügung vom 5. Mai beiden Kultusverwaltungen:

Die Reparaturkosten müßten gleichheitlich (mit je 405 ℳ) getragen werden. Die Einwürfe des Presbyteriums seien unbegründet. Es werde aufgefordert, bis 14. Mai die Aufbringung der 810 ℳ durch Kultusumlagen aus der der Übung entsprechend auf 4023 ℳ 18 ₰ für die Katholiken, 4597 ℳ 92 ₰ für die Protestanten berechneten Gesamtsteuer (Steuer, Kreisumlage und Hebgebühr) zu beschließen, widrigenfalls dieselbe aufsichtlich angeordnet würde.

Der Fabrikrat beschloß hierauf, sich unter Verwahrung gegen die Annahme einer Verpflichtung zur gleichheitlichen Konkurrenz dem bezirksamtlichen Ausspruche zu fügen und die 405 ℳ aus einer inzwischen angefallenen, hiezu verfügbaren Schenkung zu decken.

Das Presbyterium dagegen blieb mit Beschluß vom 13. Mai auf seiner Weigerung stehen. Hiebei war, um den Termin einzuhalten, auf Ersuchen des vorübergehend erkrankten

Pfarrers die Sitzung vom dienstältesten Presbyter zusammenberufen und geleitet, das Protokoll aber nachträglich vom Pfarrer, der bei der Sitzung selbst nicht anwesend sein konnte, zum Zeichen seiner Zustimmung unterzeichnet worden. Nunmehr beschloß das Bezirksamt am 20. Mai 1890 unter Kostenzuweisung an die protestantische Kirchengemeinde gebührenfrei:

> daß die Reparatur sofort auszuführen und die protestantische Kirchengemeinde verpflichtet sei, die Hälfte der Kosten mit 405 ℳ durch $9^1/_2$ $^0/_0$ige außerordentliche Kultusumlagen aus ihrer Gesamtsteuer zu 4597 ℳ 92 ₰ aufzubringen.

Der Stadtrat Grünstadt könne nach Art. 91 Ziff. 7 der Gemeindeordnung zur Konkurrenz nicht angehalten werden. Der Streit über das Harmonium sei nach § 93 der II. Verfassungsbeilage vor die Zivilgerichte zu verweisen, weil der Fabrikrat ein Recht beanspruche. Jedenfalls könne die Reparatur deshalb nicht aufgeschoben werden.

Die Protestanten hätten zu derselben, da gleichen Rechten gleiche Pflichten gegenüber stehen müßten, mit der Hälfte der Kosten = 405 ℳ beizutragen, welcher Summe eine $9^1/_2$ $^0/_0$ige Umlage aus der Gesamtsteuer entspreche.

Dieser Beschluß wurde dem Fabrikrate und dem Presbyterium am 23. Mai 1890 zugestellt. Am 6. Juni lief bei dem K. Bezirksamt eine Beschwerde des Presbyteriums ein, welches seine früheren Weigerungsgründe hiebei wiederholte und weiter geltend machte, den Protestanten könnten Zwangsumlagen gegen den Willen ihrer Vertretung nur von der K. Kreisregierung und nur bis zu 10 $^0/_0$ der einfachen Staatssteuer ohne Einrechnung von Kreisumlagen und Remisen, also äußerstenfalls nur bis zu 320 ℳ auferlegt werden (Art. X und XI des Umlagengesetzes vom 17. November 1837). Es werde deshalb gebeten, den bezirksamtlichen Beschluß aufzuheben.

Nachträglich beschwerte sich am 15. Juni 1890 das katholische Pfarramt, weil das K. Bezirksamt den sogenannten

Simultanstreit nicht sofort durch Zurückweisung der Einwendungen des Presbyteriums definitiv entschieden habe.

Aufgabe ist nicht der Entwurf der Regierungsentschließung, sondern die Prüfung des Beschlusses vom 20. Mai 1890 in formeller und materieller Beziehung, ebenso die Prüfung der demselben vorhergegangenen Presbyterial- und Gemeinderatsbeschlüsse hinsichtlich ihrer formellen Giltigkeit. Kurze Begründung unter Verweisung auf die betreffenden Vorschriften ist beizufügen.

Praktische Aufgabe
aus dem Bereiche der inneren Verwaltung
(für die Kandidaten der Pfalz).

Die Ortschaft A, welche als Bestandteil der Gemeinde B die Verwaltung ihres Sondervermögens dem Gemeinderate von B übertragen hat, besitzt unter anderem auch eine der Ortschaft unmittelbar anliegende, vom Staate erworbene Verlandung des Flusses D, welche von der Ortschaft entsprechend aufgefüllt und geebnet worden war.

Die Holzhändler Hoch, Kurz und Lang, alle drei wohnhaft in A, welche bis dahin vom Bahnhofe in A weg Holzstämme auf Fuhrwerken zum Flusse D verbrachten und auf dem Wasser weiter verfrachteten, begannen mit dem Frühjahre 1889, die Holzstämme über die genannte Verlandungsfläche, weil diese weit bequemer als die seitherige Einbringstelle war, in den Fluß D zu verbringen.

Da die Verlandungsfläche hiedurch stark zusammengefahren wurde, so erhoben sich bald Stimmen im Orte, daß hiegegen etwas geschehen müsse.

Der Bürgermeister der Gemeinde B berief deshalb eine Ortsversammlung in A auf 1. Juli 1889 zusammen und in dieser wurde bei 40 stimmberechtigten Ortsbürgern von 30 Erschienenen einstimmig Beschluß dahin gefaßt:

„Es sei den Holzhändlern das Fahren mit ihren Holzstämmen über die Verlandungsfläche zwar auch fernerhin nicht zu verwehren; dieselben haben jedoch wie jeder andere, der etwa noch darüber fahren sollte, 3 ₰ von jedem Zentner der Ladung an die Ortskasse zu entrichten, und zwar habe dieser Beschluß vom 1. Januar 1889 an in Wirkung zu treten."

Dieser Beschluß wurde am 3. Juli 1889 jedem der drei genannten Holzhändler persönlich und durch Anschlag an der Gemeindetafel bekannt gegeben.

Holzhändler Hoch stellte zwar seine Fahrten über die Verlandungsfläche ein, brachte jedoch mit einer vom Rechtsanwalte Grün verfaßten und von Hoch unterzeichneten Vorstellung vom 5. Juli 1889 bei dem Gemeinderate B Beschwerde an mit der Bitte, den Beschluß vom 1. Juli außer Wirksamkeit zu setzen; er führte dabei aus:

1. Der Ortsversammlungsbeschluß leide an Nichtigkeit; vor allem hätte ein Gemeinderatsbeschluß vorausgehen müssen; auch sei die Ladung eine mangelhafte, indem der Anschlag am Gemeindehause zwar drei Tage, aber nicht unmittelbar vor der Versammlung erfolgte und der Gemeindediener die Versammlung nicht auch in der Grasgasse, wie üblich, ausschellte, weshalb zwei Ortsbürger dieser Gasse — Breit und Tief — von der Versammlung nichts wußten; zwei Abstimmende — Eng und Schmal — seien gar keine Ortsbürger, da sie in einer anderen Ortschaft E der Gemeinde B wohnen; Hoch und seine zwei Genossen hätten gar keinen Zutritt zur Versammlung erhalten; die Protokollierung sei erst am anderen Tage und nicht im Protokollbuche erfolgt und das Protokoll heute noch ohne vorschriftsmäßige Fertigung.

Im übrigen sei ein Ortsversammlungsbeschluß für den gegebenen Fall überhaupt gesetzlich gar nicht zulässig gewesen.

2. Die Verlandungsfläche sei ein öffentlicher Platz der Ortschaft A, über den jedermann gehen und fahren könne; die Ortschaft könne deshalb für dessen Benützung keine Vergütung fordern; wollte aber ein Wegzoll eingeführt werden,

so könnte das nur mit Genehmigung des Kgl. Staatsministeriums des Innern geschehen.

3. Die Art der Abgabe, wie sie beschlossen worden, sei auch unzulässig; es sei eine Besteuerung von Handelsholz, die dem Zoll- und Handelsvereinsvertrage vom 8. Juli 1867 widerstreite.

Die Holzhändler Kurz und Lang setzten nach dem 1. Juli ihre Fahrten über die Verlandung fort, ohne sich um den Ortsversammlungsbeschluß zu kümmern.

Aus Anlaß der Vorstellung des Hoch faßte am 7. Juli 1889 der Gemeinderat B, wobei von 10 Mitgliedern 6 anwesend waren, einstimmig Beschluß als Ortschaftsvertretung:

„Der Ortsversammlungsbeschluß vom 1. Juli 1889 sei nach jeder Richtung aufrecht zu erhalten; die Holzhändler Hoch, Kurz und Lang hätten die seit 1. Januar 1889 über die Verlandung gefahrenen Frachten im Gewichte ziffermäßig auszuweisen und seien schuldig, die dafür bestimmte Abgabe und vom 1. Juli 1889 an 6 % Verzugszinsen zu zahlen."

Dieser Beschluß wurde den drei Holzhändlern am 8. Juli eröffnet, worauf Hoch sofort dem Bürgermeister von B schriftlich erklärte, daß er gegen diesen Beschluß Beschwerde erhebe und eine Verpflichtung nicht anerkenne; Kurz und Lang erwiderten auf den Beschluß zunächst nichts.

Gemeinderat B legte nun die Verhandlungen mit Bericht vom 10. Juli 1889 an das Kgl. Bezirksamt X vor, unter dem Antrage, nach Maßgabe des Gemeinderatsbeschlusses am 7. Juli 1889 die drei Holzhändler Hoch, Kurz und Lang zur Zahlung zu verhalten; dabei wurde mit bezug auf das Vorbringen des Hoch vom 5. Juli 1889 angefügt:

1. Der Gemeinderat sei am 1. Juli 1889, da die drei Holzhändler selbst auch Gemeinderäte sind, der Adjunkt Groß seit längerem schon verreist und seine Rückkunft ungewiß war, ferner Gemeinderat Klein als solcher seit drei Wochen suspendiert ist, nicht beschlußfähig gewesen; deshalb und wegen

der Wichtigkeit des nur die Ortschaft A betreffenden Gegenstandes sei eine Ortsversammlung berufen worden und aus ersterem Grunde eine Vorberatung im Gemeinderate damals nicht thunlich gewesen; mittlerweile sei jedoch am 5. Juli 1889 Adjunkt Groß unerwartet zurückgekehrt.

Die Ladung genüge dem Gesetze, Eng und Schmal seien Bürger der Gemeinde B, die zwar in E wohnen, aber mit ihrem ganzen Grundbesitze zur Ortschaft A gehören; die drei Holzhändler seien persönlich beteiligt und deshalb zur Ortsversammlung nicht zugelassen worden; das Beschlußprotokoll sei jetzt vom Bürgermeister und Gemeindeschreiber unterzeichnet; alle anderen Bemängelungen seien rechtlich belanglos.

2. Die Verlandung sei kein öffentlicher Platz und werde sonst von niemanden befahren, sei vielmehr zu anderen Gemeindezwecken bestimmt; wenn dann und wann Erwachsene oder Kinder sich darauf bewegen und aufhalten, so lasse das noch nicht eine Folgerung im Sinne des Hoch zu.

Ob im übrigen der Ortschaft eine Berechtigung auf die eingeführte Abgabe zustehe, werde getrost der höheren Entscheidung überlassen.

Dieses Anrufen der Ortschaftsvertretung wurde vom Kgl. Bezirksamte X mit Verfügung vom 13. Juli 1889 den Holzhändlern Hoch, Kurz und Lang mit dem Auftrage zugeschlossen, innerhalb 14 Tagen zu zahlen oder Erinnerungen vorzubringen.

Die drei Holzhändler zahlten nicht, sondern Hoch und Lang erklärten am 16. Juli 1889 persönlich vor dem Kgl. Bezirksamte X:

1. Hoch hielt an seinen Nichtigkeitsgründen gegen den Ortsversammlungsbeschluß fest; nirgends schließe das Gesetz aus, daß persönlich Beteiligte nicht wenigstens zur Versammlung zugelassen und mit ihren Interessen vorerst gehört werden; Breit und Tief wüßten von einer Ladung nichts; Eng und Schmal hätten an der Beratung und Beschlußfassung nicht teilnehmen sollen.

Die Verlandung sei von allen Seiten für Fußgänger und Fuhrwerke frei zugänglich und vermittle den Verkehr zum Flusse; im übrigen dürfte nach den Gesetzen überhaupt nur die Verzehrung, niemals aber Handel und Produktion in der Gemeinde besteuert werden.

Auf alle Fälle könne von einer Zahlungsverpflichtung über den 1. Juli 1889 zurück keine Rede sein; auch gehe 6 % für Verzugszinsen weit über den jetzt landesüblichen Zinsfuß hinaus; nach beiden Richtungen müßten die Beschlüsse vom 1. und 7. Juli 1889 als gesetzwidrig bezeichnet werden.

2. Lang äußerte, er glaube überhaupt in der Sache nicht beteiligt zu sein; das von ihm gefahrene Holz gehöre durchweg der Firma Blau in F (Kgl. Bezirksamtes H); er besorge nur die Verfrachtung des Holzes vom Bahnhofe zum Flusse und auf dem Wasser und werde auch nur hiefür bezahlt; eine Abgabe für die Holzladung könne deshalb nicht ihn treffen.

Alle beide verbanden damit den Antrag, die Ortschaft A mit ihren Ansprüchen kostenfällig abzuweisen oder beziehungsweise die Beschlüsse der Ortschaft und ihrer Vertretung vom 1. und 7. Juli 1889 aufzuheben.

Am 1. August 1889 erschien auch Kurz bei dem Kgl. Bezirksamte X und schloß sich nach jeder Richtung der Erklärung und den Anträgen des Hoch an.

Das Kgl. Bezirksamt X forderte nun auch die Firma Blau zur Erklärung auf, welche am 10. August 1889 einkam und lautete:

Sie habe bis jetzt von dem Beschlusse der Ortsversammlung A und den Forderungen der Ortschaftsvertretung gar nichts gewußt und sei die Firma von letzterer gar nicht in Anspruch genommen; Lang habe, wie der in Urschrift angefügte Vertrag wörtlich besage, sich „verpflichtet, alles für die Firma Blau auf dem Bahnhofe in A ankommende Holz um 2 ℳ für den Kubikmeter in den Fluß D zu verbringen und auf dem Wasser nach F zu liefern“; Lang habe deshalb alle auf diesem Transporte erwachsenden Unkosten und daher auch die strittige Abgabe zu bestreiten.

Der zu allen diesen Erklärungen vom Kgl. Bezirksamte nochmals einvernommene Gemeinderat B blieb in allem auf seinem Standpunkte stehen und fügte nur an:

Nach Aussage des Gemeindedieners sei er zur Bekanntmachung der Ortsversammlung wegen Mangels an Zeit am 20. Juni 1889 nicht in die Grasgasse selbst gekommen, gleichwohl hätten Breit und Tief das Ausschellen auch vernehmen können; die Rechtsverhältnisse zwischen Lang und Firma Blau seien dem Gemeinderate nicht bekannt und er glaube mit Recht in seinem Beschlusse vom 7. Juli 1889 den Lang zur Abgabe verhalten zu haben.

Auf die bezirksamtliche Bekanntgabe dieser Gegenerklärung des Gemeinderates und die Aufforderung zur Schlußerklärungsabgabe brachten die Holzhändler Hoch, Kurz und Lang und die Firma Blau nichts mehr vor.

Seitens des Kgl. Bezirksamtes X wurden jedoch noch einige Erhebungen gepflogen:

1. Die Ortsbürger Breit und Tief geben an, sie hätten am 20. Juni 1889 zwar die Schelle des Gemeindedieners gehört, hätten sich aber nichts darum gekümmert, weil sie dachten, es werde wie sonst auch in der Grasgasse selbst noch ausgerufen.

2. Im Grundsteuerkataster-Auszuge der Ortschaft A findet sich vorgetragen:

„Plan-Nr. 689$^1/_2$ Verlandung 1,106 Hektar.“

Drei Nachbarn der Verlandungsfläche sagen auf Eid aus, daß zwar Leute auf dieser Fläche dann und wann herumgehen und stehen; von einem Fuhrwerksverkehre darauf hätten sie vor 1889 nichts bemerkt.

Das Kgl. Straßen- und Flußbauamt Y teilte mit:

Bei den Kaufsunterhandlungen und im Vertrage deutete nichts an, daß die Verlandung zu Verkehrszwecken bestimmt sei, und habe sich die Ortschaft A wegen einer Einladestelle an der Verlandung bis jetzt nicht an das Straßen- und Flußbauamt gewendet.

3. Die von Firma Blau angezogene Stelle aus dem Vertrage mit Lang wird vom Kgl. Bezirksamte X als richtig zu den Akten konstatiert.

Seitens des Kgl. Bezirksamtes X erging nun unterm 15. September 1889 Beschluß dahin:

1. Die Ortschaft A sei berechtigt, von den Holzhändlern Hoch und Kurz, sowie der Firma Blau für die seit 1. Januar 1889 über die Verlandung gefahrenen, von den Beklagten im Gewichte noch genau nachzuweisenden Frachten die im Ortsversammlungsbeschlusse vom 1. Juli 1889 bestimmte Abgabe zu fordern,
2. der Gemeinderatsbeschluß vom 7. Juli 1889 bezüglich der Verzugszinsen sei dahin abzuändern, daß Hoch vom 1. Juli 1889 an nur 4 % Verzugszinsen zu zahlen habe,
3. die Kosten des Verfahrens haben Hoch, Kurz und Firma Blau nach Kopfteilen zu tragen, wobei von jedem eine Gebühr von 5 ℳ für den Beschluß erhoben werde,
4. in bezug auf die Forderung gegen Lang sei der Gemeinderatsbeschluß vom 7. Juli 1889 aufzuheben und habe die Ortschaft A die nach dieser Richtung erwachsenen Kosten — mit 2 ℳ Beschlußgebühr — zu tragen, und zwar aus folgenden Gründen:
   a) Im vorliegenden Falle handle es sich zur Zeit nicht um die Anwendung eines feststehenden Abgabetarifes der Ortschaft A, noch um die Feststellung des Betrages nach solchem Tarife, sondern um die Frage, ob, inwieweit und von welchem Zeitpunkte an der Ortsversammlungs- und der Gemeinderatsbeschluß vom 1. und 7. Juli 1889 gesetzmäßig und beziehungsweise rechtsgiltig erscheine, sowie ob und inwieweit die Ortschaft A zur Erhebung einer Abgabe überhaupt berechtigt sei; zur Entscheidung

hierüber sei die Verwaltungsbehörde zuständig, wogegen alle sonstigen Rechtszuständigkeiten vor Gericht den Beteiligten vorbehalten bleiben.

b) Der Ortsversammlungsbeschluß sei gesetzlich begründet; er leide zwar an manchen Mängeln, doch seien die dazu erhobenen Beanstandungen nicht derart, daß eine Nichtigkeit gegen den Beschluß vorliege; Kurz und Firma Blau hätten den Beschluß der Ortsversammlung und des Gemeinderates vom 1. und 7. Juli 1889 innerhalb 14 Tagen nicht angefochten und seien deshalb diese Beschlüsse gegen beide rechtskräftig.

c) Die Verlandung Pl.-Nr. $689^1/_2$ diene keinem öffentlichen Verkehre; die Ortschaft A sei deshalb berechtigt, für die Benützung ihres Eigentums auch über den 1. Juli 1889 zurück Abgabe zu fordern, und stände dem keinerlei Gesetz entgegen.

d) Der Ortsversammlungsbeschluß sei — abgesehen von der persönlichen Eröffnung an Hoch, Kurz und Lang — sofort am 1. Juli 1889 bekannt gemacht worden; es mußte deshalb jedermann vom 1. Juli an sich darnach richten; wenn demnach der Gemeinderatsbeschluß vom 7. Juli 1889 Verzugszinsen feststelle, so sei er darin nicht zu beanstanden und gehe nur insoferne zu weit, als er 6 % ansetze; Rechtsnorm sei der landesübliche Zinsfuß und dieser sei jetzt zu 4 % anzunehmen, in welchem Sinne der Gemeinderatsbeschluß gegen Hoch abzuändern war, welcher den Beschluß in diesem Punkte ausdrücklich und rechtzeitig angefochten hat.

e) Der Ortsversammlungsbeschluß bestimme zweifelsohne eine Abgabe von der Ladung und deren Eigentümern; Lang sei jedoch, wie nachträglich aufgeklärt wurde, nur Frachtführer; der Gemeinderatsbeschluß vom 7. Juli 1889 sei deshalb gegen Lang gesetzlich nicht haltbar und müßte, nachdem Lang innerhalb

14 Tagen nach demselben Einsprache dagegen angebracht, aufgehoben werden;

f) Nach allgemeinen Rechtsgrundsätzen habe jede unterliegende Partei die sie treffenden Kosten einschließlich der nach Lage des Falles zu bemessenden Beschlußgebühr zu tragen.

Dieser Beschluß wurde in Ausfertigung jedem der fünf Beteiligten am 1. Oktober 1889 unter der Belehrung zugestellt, daß innerhalb 14 Tagen dagegen Berufung an die Kgl. Regierung K. d. J. von Z erhoben werden kann.

Die Ortschaftsvertretung von A kam dagegen bei dem Kgl. Bezirksamte X am 5. Oktober 1889 mit Beschwerde ein, da sie von Hoch nur 4 % Verzugszinsen erhalten und gegen Lang Kosten tragen solle; Abschriften dieser Beschwerde gingen allen übrigen Beteiligten zu.

Die Firma Blau reichte am 10. Oktober 1889 bei dem Kgl. Bezirksamte X Beschwerde an die Kgl. Regierung K. d. J. von Z ein mit der Bitte, die Ortschaft A mit ihrem Anspruche zurückzuweisen, eventuell den Holzhändler Lang für zahlungspflichtig zu erklären; dabei nimmt die Beschwerde auf alles Vorbringen in der I. Instanz Bezug und fügt bei:

„Auch Firma Blau habe den Ortsversammlungsbeschluß vom 1. Juli 1889 niemals als giltig anerkannt; sie halte jenen Beschluß ebenso, wie Hoch und Kurz, in formeller und materieller Richtung für hinfällig und glaube, daß dies schon von Amtswegen zu prüfen und auszusprechen sei; im übrigen habe für die Firma Blau nach 1. Juli 1889 Lang keine Holzstämme mehr, sondern nur Bretter über die Verlandung zum Flusse D gefahren, die gar nicht unter den Beschluß fallen, und müsse festgehalten werden, daß nicht der Eigentümer des Holzes, sondern der Frachtführer die ihm auf dem Transport erwachsenden Kosten zu tragen habe.

Von Hoch lief am 14. Oktober und von Kurz am 16. Oktober 1889 Beschwerde bei der K. Regierung K. d. J.

von Z ein, von wo die beiden Beschwerden am 18. Oktober an das Kgl. Bezirksamt X gelangten.

Hoch und Kurz bezogen sich in diesen Beschwerden auf ihre Ausführungen und Anträge in der I. Instanz und nur Kurz fügte noch bei, daß er nach dem 1. Juli 1889 nur mit Bausteinen über die Verlandung gefahren sei und der Ortsversammlungsbeschluß sich hierauf jedenfalls nicht erstrecke.

Von den Beschwerden des Hoch und des Kurz und der Firma Blau gingen Abschriften der Ortschaftsvertretung von A zu, welche jedoch nichts weiter in der Sache vorbrachte.

Nach Vorlage der Akten wurden von der Kgl. Regierung K. d. J. im Bureauwege mit Entschließung vom 4. November 1889 Nr. 26001 die Beschwerden der Ortschaftsvertretung von A, sowie der Holzhändler Hoch und Kurz und der Firma Blau vom staatsaufsichtlichen Standpunkte teils als verspätet und teils als unbegründet kostenfällig — unter 8 ℳ Beschlußgebühr im ganzen — abgewiesen; dazu wurde ausgeführt:

1. Die Prüfung der Gesetzmäßigkeit eines Gemeindebeschlusses sei Sache der Staatsaufsicht; die Staatsaufsicht würde aber nach den hierher einschlägigen Bestimmungen in I. Instanz von den Bezirksämtern und in II. Instanz von der Kreisregierung gehandhabt; die Regierung sei deshalb im vorliegenden Falle insoweit zuständig, als die Rechtsgiltigkeit der von der Ortschaft A und ihrer Vertretung gefaßten Beschlüsse vom 1. und 7. Juli 1889 in Frage stehe;
2. Diese Beschlüsse seien Beschlüsse in eigentlichen Gemeindeangelegenheiten und sei eine Beschwerde dagegen an eine Notfrist von 14 Tagen gebunden; nachdem die Firma Blau solche Beschwerde nicht rechtzeitig erhoben habe, könnten jene Beschlüsse von ihr nicht mehr nachträglich angefochten werden.
3. Die Beschwerde des Hoch sei zwar innerhalb der 14tägigen Frist bei der Kgl. Regierung, nicht aber

bei dem Bezirksamte eingelaufen; nachdem jedoch zunächst eine Verwaltungssache vorliege, sei die Frist immerhin gewahrt.

Zu dem Anbringen des Hoch gegen die Rechtsgiltigkeit des Ortsversammlungsbeschlusses werde auf die Gründe der I. Instanz Bezug genommen.

4. Die Beschwerde des Kurz sei schon bei der Kgl. Regierung erst nach 14 Tagen eingelaufen und deshalb als verspätet nicht weiter zu würdigen.

5. Im übrigen seien die Beschlüsse der Ortsversammlung und des Gemeinderates vom 1. und 7. Juli 1889 von der I. Instanz in Haupt- und Nebensache zutreffend gewürdigt und beschieden.

Insoweit aber auf grund des staatsaufsichtlich festgestellten Abgabenstatutes der Ortschaft A über die Anwendung des Tarifes oder über den Umfang der geschuldeten Abgabenbeträge weitere Differenzen unter den Beteiligten bestehen oder sich ergeben sollten, seien solche vor dem Zivilgerichte auszutragen.

6. Als sachfällig hätten die vier beschwerdeführenden Streitteile die Kosten des Verfahrens II. Instanz gesamtverbindlich mit einer Beschlußgebühr zu tragen, wie solche dem Falle entspreche.

Dieser Regierungsbescheid wurde den vier Beschwerdeführern, wie auch dem Holzhändler Lang am 12. November 1889 in je Einer Abschrift zugestellt.

Die Holzhändler Hoch und Kurz und Firma Blau erteilten nun zu ihrer weiteren Vertretung Vollmacht an Rechtsanwalt Grün und dieser reichte am 25. November 1889 bei dem Kgl. Bezirksamte X Beschwerde gegen den Regierungsbescheid „an das Kgl. Staatsministerium des Innern und, insoweit dieses sich nicht als zuständig erachten sollte, an den Kgl. Verwaltungsgerichtshof“ ein; in der Beschwerdeschrift wird ausgeführt:

1. Dem Gemeinderate von B müsse überhaupt jede Berechtigung zu der Beschlußfassung vom 7. Juli 1889 und zur Streitführung für die Ortschaft A abgesprochen werden; das Gesetz schreibe ausdrücklich vor, daß in Ortschaften mit Sondervermögen eigene Verwaltungen zu wählen sind.

   Auch könne die Ortschaft A eine Abgabe, wie sie beschlossen, überhaupt nicht erheben; nirgends im Gesetze sei den Ortschaften ein solches Recht eingeräumt, und wenn die Ortschaft A für die Benützung ihres Eigentumes Forderungen machen wolle, so sei dies lediglich ein Privatrechtsverhältnis, über welches die Gerichte zu entscheiden haben, und müsse deshalb vor allem die Zuständigkeit der Verwaltungsbehörden bestritten werden.

2. Wollte aber auch hievon abgesehen werden, so hafteten dem Ortsversammlungsbeschlusse, wie in den früheren Instanzen schon dargethan, zahlreiche Unregelmäßigkeiten an, die bis jetzt in keiner Weise gehoben oder gerechtfertigt seien und dessen Nichtigkeit unzweifelhaft zur Folge haben müßten.

3. Die Verlandung sei und bleibe nichts anderes als eine Verbindung nach dem Wasser; Kataster und Kaufvertrag schließen das nicht aus und auch gegen die neue Einladestelle am Flusse D sei von keiner Seite ein Widerspruch erfolgt.

   Niemals sei gegen den Verkehr über die Verlandung ein Verbot ergangen oder eine Warnungstafel angebracht worden; es könnte sich deshalb nur um einen Wegzoll handeln, wozu Genehmigung des Kgl. Staatsministeriums des Innern erfordert sei, oder nun eine Verbrauchsabgabe, wozu jede Voraussetzung fehle.

4. In der Ortschaft A würden zur Zeit keine Umlagen erhoben; es müßten deshalb im Bedarfsfalle nach dem Gesetze in erster Linie Umlagen eingeführt werden, ehe andere Abgaben zulässig seien.

5. Widerstritten müsse eventuell werden, daß der Ortschaft eine Berechtigung zur Erhebung einer Abgabe über den 1. Juli 1889 zurück zustehe, daß vom 1. Juli 1889 ab 6 % Verzugszinsen gefordert werden könnten, daß der Ortsversammlungsbeschluß auf Bretter- und Steinfuhren sich beziehe und auf die Firma Blau überhaupt einschlägig sei.

   Über den Prozentsatz der Verzugszinsen habe sich übrigens in bezug auf den Hoch die Ortschaftsvertretung gegen den abweislichen Regierungsbescheid gar nicht weiter beschwert.

6. Mit Unrecht werde der Firma Blau gegenüber eine Rechtskraft der Beschlüsse der Ortschaft A und ihrer Vertretung vom 1. und 7. Juli 1889 angenommen, nachdem ihm solche gar nicht bekannt gegeben wurden.

   Aber auch dem Kurz gegenüber müsse die Verspätung seiner Beschwerde gegen die genannten Beschlüsse und gegen den Regierungsbescheid im vorliegenden Falle unschädlich sein; denn wenn seinen Genossen gegenüber auf gänzliche oder teilweise Nichtigkeit oder Ungiltigkeit jener Beschlüsse erkannt würde, müßte dies auch dem Kurz zu gute kommen.

7. Eine Nachweisung ihrer Fuhren über die Verlandung könne keinesfalls seinen Vollmachtgebern obliegen; vielmehr müsse die Ortschaft wissen und beweisen, was sie zu fordern habe.

8. Der Regierungsbescheid habe selbst hervorgehoben, daß es sich bei demselben lediglich um eine Staatsaufsichtssache handle; der Bescheid mußte deshalb gebührenfrei ergehen und im übrigen scheine eine Gebühr von 8 ℳ jedenfalls der gesetzlichen Abstufung, welche den Mittelstellen nur jeweils die Hälfte mehr über die Gebühr der Unterbehörden gestatte, nicht zu entsprechen; dabei sei der dreifache Gebührenansatz der I. Instanz mit dem Gesetze wohl nicht zu vereinbaren.

Aus allen diesen Gründen werde beantragt, unter Aufhebung der vorinstanziellen Bescheide die Ortschaft A in jeder Richtung kostenfällig abzuweisen und beziehungsweise die fraglichen Beschlüsse derselben vom 1. und 7. Juli 1889 außer Wirksamkeit zu setzen.

Von dieser Beschwerde ging je eine Abschrift dem Gemeinderate von B und dem Holzhändler Lang zu.

Der Gemeinderat erteilte zu seiner weiteren Vertretung dem Rechtsanwalte Grau Vollmacht und dieser reichte am 10. Dezember 1889 Gegenerklärung bei dem Kgl. Bezirksamte ein, worin dargelegt wird:

1. Der Gemeinderat von B vertrete nach dem Gesetze die ganze Gemeinde B und müsse deshalb doch auch zur Vertretung der zur Gemeinde gehörigen Ortschaft A berechtigt sein, zumal die Ortschaft A ausdrücklich damit einverstanden ist.

   Im übrigen habe der Regierungsbescheid den Charakter einer Verwaltungssache; die Beschwerde dagegen hätte deshalb nach dem Gesetze über die Errichtung eines Verwaltungsgerichtshofes 2c. innerhalb 14 Tagen bei der Kgl. Regierung angebracht werden sollen, was nicht geschehen; sie müsse deshalb als verspätet zurückgewiesen werden.

2. Was von der Zuständigkeit der Gerichte, von den Bretter- und Steinfuhren, von Umlagen der Ortschaft A angeführt worden, hätte in der I. Instanz schon vorgebracht werden sollen; solche nachgeschleppte Einwendungen könnten jetzt nicht mehr berücksichtigt werden.

   Im übrigen ruhe die Abgabe nicht in einem Vertrage, sondern im Selbstbestimmungsrechte der Gemeinden; die Ortschaft sei davon nirgends ausgeschlossen. Die Holzstämme seien nur die Veranlassung, nicht der ausschließliche Gegenstand des Ortsversammlungsbeschlusses, und zu einer Umlagenerhebung liege kein Bedürfnis vor.

3. Ganz unerfindlich sei, warum die Rechtskraft der von der Ortschaft A und deren Vertretung gefaßten Beschlüsse vom 1. und 7. Juli 1889 gegen Kurz und die Firma Blau, sowie jene des bezirksamtlichen Beschlusses vom 15. September 1889 gegen Kurz nicht wirken sollte; der Ortsversammlungsbeschluß sei öffentlich bekannt gemacht und war es Sache der Firma Blau, sich davon Kenntnis zu verschaffen.
4. Jede Gemeinde sei berechtigt, über die Erhebung örtlicher Gefälle Vorschriften zu erlassen und dabei die Nachweisung abgabepflichtiger Gegenstände den Beteiligten aufzuerlegen; letzteres sei mit dem Beschlusse der Ortschaftsvertretung vom 7. Juli geschehen.
5. Von selbst erhelle, daß für jede Fahrt über die Verlandung eine Zahlungsverpflichtung, vom 1. Juli 1889 aber Verzug in der Zahlung bestehe; ein 4 %iger Verzugszins widerspreche dem Rechte der Ortschaft A und ein rechtskräftiger Regierungsbescheid liege darüber keineswegs vor.
6. Die Ortschaftsvertretung von A hielt es im Sinne des Ortsversammlungsbeschlusses gelegen, den Holzhändler Lang für die Abgabe in Anspruch zu nehmen; im übrigen könnte es der Ortschaft gleichgiltig sein, ob sie von Lang oder der Firma Blau bezahlt werde, und nachdem ihre Berechtigung überhaupt im Beschlusse der I. Instanz anerkannt worden, sei es ungerechtfertigt, ihr Kosten aufzubürden.

Ziff. 2 und 4 des bezirksamtlichen Beschlusses könne weder formell noch materiell als zutreffend und begründet erachtet werden; es werde deshalb beantragt, die gegnerischen Beschwerden kostenfällig abzuweisen und die Ziff. 2 und 4 des bezirksamtlichen Beschlusses nebst dem hierauf bezüglichen Regierungsbescheide aufzuheben.

Auch der Holzhändler Lang reichte am 15. Dezember 1889 eine „Erklärung" bei dem Kgl. Bezirksamte X ein, worin vorgebracht wird:

1. Vor allem müsse er sich beklagen, daß ihm nicht schon von der Beschwerde der Firma Blau an die Kgl. Regierung Kenntnis gegeben wurde, um schon damals seine Rechte entsprechend wahren zu können;

2. auch nach seiner Auffassung liege ein öffentlich-rechtliches Verhältnis hier nicht vor; wenn die Ortschaft A für die Gestattung der Fahrt über die Verlandung Gegenleistung fordere, so strebe sie damit nur ein Vertragsverhältnis an, eine Art von Innominatkontrakt, woraus die privatrechtliche Natur der Sache erhelle;

3. die Thatsache, daß die Verlandung die Eigenschaft eines öffentlichen Weges oder Platzes besitze, sei nicht widerlegt, und wenn wirklich ein Zweifel darüber bestehen sollte, so würde dies zu dem jetzigen Streite eine Vorfrage bilden, die vor den zuständigen Behörden im vorgeschriebenen Rechtszuge zunächst erst ausgetragen und entschieden werden müßte;

4. auf alle Fälle aber könne eine Zahlungsverpflichtung nicht ihn, sondern nur die Firma Blau treffen; in dieser Beziehung habe ohnehin der Gemeinderat gegen den Regierungsbescheid, welcher die Ziff. 4 des bezirksamtlichen Beschlusses aufrecht erhalten hat, keine Beschwerde erhoben und liege deshalb Rechtskraft vor.

Er beantrage daher, die Beschlüsse der Ortsversammlung und des Gemeinderates vom 1. und 7. Juli 1889 aufzuheben, eventuell die Ortschaft A auf den Rechtsweg zu verweisen, subeventuell die Ziff. 4 des bezirksamtlichen Beschlusses zu bestätigen.

Die Akten wurden nunmehr von dem K. Bezirksamte X an die Kgl. Regierung Kammer des Innern von Z vorgelegt und von dieser an das Kgl. Staatsministerium des Innern einbefördert, wo sie am 25. Dezember 1889 einliefen.

Die Aufgabe geht nun dahin, die Entschließung des Kgl. Staatsministeriums des Innern nebst den Entscheidungsgründen nach allen einschlägigen Richtungen zu entwerfen; dabei sind durchweg alle in Anwendung kommenden Bestimmungen aus Gesetzen, Verordnungen ꝛc. genau anzugeben und ist namentlich auch zu erörtern, ob, in welchen Richtungen und aus welchen Gründen etwa Zuständigkeiten des K. Verwaltungsgerichtshofes oder der Gerichte gegeben sind.

FSC
www.fsc.org
MIX
Papier | Fördert gute Waldnutzung
FSC® C083411

Kolibri 360 GmbH
Ferdinand-Jühlke-Straße 7
99095 Erfurt, Deutschland
produktsicherheit@kolibri360.de